DRAMATIZACIONES INFANTILES
PARA DIAS ESPECIALES

Norma H. C. de Deiros

CASA BAUTISTA DE PUBLICACIONES

CASA BAUTISTA DE PUBLICACIONES
7000 Alabama Street, El Paso, TX 79904, EE. UU. de A.
www.casabautista.org

Nuestra pasión: Comunicar el mensaje de Jesucristo y
facilitar la formación de discípulos por medios impresos
y electrónicos.

Ediciones: 1978, 1981, 1983, 1985, 1987, 1991, 1994,
1996, 1998, 1999, 2001, 2002, 2004, 2006
Decimoquinta edición: 2008

Clasificación Decimal Dewey: 862.82

Temas: 1. Teatro infantil
2. Dramas

ISBN: 978-0-311-07606-2
C.B.P. Art. No. 07606

1.5 M 4 08

Impreso en Colombia
Printed in Colombia

CONTENIDO

DIA DE LA BIBLIA

LA MAQUINA DEL TIEMPO

(Dramatización para primarios)

PERSONAJES
Doctor Bermúdez y doctor Yanés: dos científicos, creadores de la máquina del tiempo.
Doctor Diéguez: científico invitado a presenciar el experimento.
Moisés: líder del pueblo hebreo.
Apóstol Pablo: autor de varias cartas del Nuevo Testamento.
Ulfilas: primer misionero a los visigodos.
San Jerónimo: traductor de la Biblia al latín.
Casiodoro de Reina y **Cipriano de Valera:** traductores de la Biblia al español.
Sociedades Bíblicas: personificación de la entidad encargada de la traducción y difusión de las Sagradas Escrituras.

ESCENOGRAFIA
La escena se desarrolla en el laboratorio de unos científicos que acaban de crear la máquina del tiempo. Como único moblaje se necesitan tres sillas y un tablero con botones y lámparas o bombillas. Este último puede fabricarse sobre una gran caja de cartón, inclinando alguna de sus bases como figura en el dibujo.

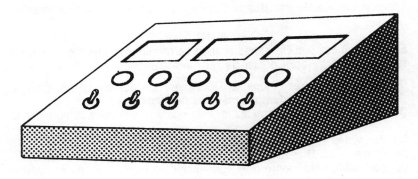

Será colocado sobre una mesa, hacia un costado del escenario. Rodeando la mesa se colocarán los tres científicos. Además, una de las puertas de acceso al escenario será cubierta con un papel de escenografía simulando ser una cortina. Sobre el mismo se dibujarán varios círculos concéntricos dando así la apariencia de un túnel.

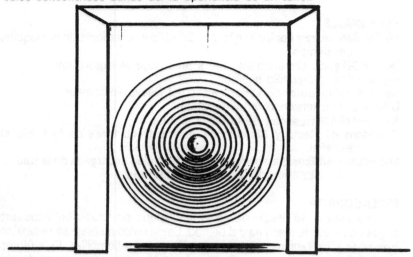

VESTUARIO
Los tres científicos vestirán batas blancas. Los personajes que irán apareciendo usarán vestidos conforme a la época de que provienen.

ACTO I
El Dr. Bermúdez y el Dr. Yanés acaban de terminar su invento y han invitado a un colega para presenciar el funcionamiento del mismo.

Dr. Bermúdez –Parece increíble, Dr. Yanés, que por fin hayamos terminado nuestra famosa máquina del tiempo.

Dr. Yanés –Creo, Dr. Bermúdez, que vamos a conmover a la humanidad con nuestro invento.

Dr. Bermúdez –¿Qué hora es?

Dr. Yanés –Las 18:30 hs. El Dr. Diéguez no puede tardar en llegar.

Dr. Bermúdez –Me siento muy complacido en compartir con él nuestro trabajo. ¿Le adelantó usted algo sobre la gran noticia?

Dr. Yanés –Nada doctor. El sabe que hace mucho tiempo que estamos trabajando en un proyecto monumental, pero no sabe de que se trata realmente.

Dr. Bermúdez –Es importante que él también guarde el secreto. Usted sabe que la prensa es muy entrometida y me parece que si no actuamos con cautela la noticia podría llegar a causar miedo en la gente.

Dr. Yanés –Comparto su opinión. Creo que no va a haber ningún problema por parte del Dr. Diéguez.

Alguien golpea. Los científicos interrumpen su conversación y el Dr. Bermúdez abre la puerta. Entra el Dr. Diéguez.

Dr. Diéguez –Buenas tardes, colegas.

Científicos –Buenas tardes.

Dr. Diéguez –Disculpen por la demora. Resulta que estaba haciendo un experimento en mi laboratorio y no quería dejarlo por la mitad. Especialmente sabiendo que no voy a regresar por unas horas, ya que sospecho que lo que ustedes tienen para mostrarme es por demás interesante.

Dr. Bermúdez –Usted está en lo cierto. Pero... tome asiento que vamos a explicarle.

Los tres se instalan alrededor de la mesa en que se encuentra el tablero.

Dr. Diéguez –Cuéntenme de qué se trata porque estoy ansioso por saberlo.

Dr. Yanés –Acabamos de terminar nuestra obra maestra, la máquina del tiempo. Y hoy en su presencia la vamos a hacer funcionar por primera vez.

Dr. Diéguez –¡¡¿La máquina del tiempo?!! Y... ¿para qué sirve ese instrumento?

Dr. Bermúdez –La historia nos narra episodios, nos describe personajes, nos da a conocer una serie de información. Pero... ¿cómo fueron realmente esos episodios y esos personajes? No podemos saberlo. Es por eso que ideamos la construcción de esta máquina, para poder transportar a los hombres a través de la historia y del tiempo, y traerlos a este lugar, para revivir junto con ellos las escenas del pasado.

Dr. Diéguez –¡Esto es realmente sorprendente! ¿Cómo funciona la máquina?

Dr. Yanés –Accionando estos botones, (señala el tablero) se pone en funcionamiento el mecanismo, y por ese túnel, (señala hacia la puerta que tiene la cortina) veremos aparecer los personajes.

Dr. Diéguez –Y... ¿a quiénes vamos a ver hoy?

Dr. Bermúdez –Hay un libro, doctor, que tiene un gran significado para toda la humanidad. Ese libro es "La Biblia". Es la palabra de Dios. Ha sido escrita por hombres inspirados y traducida a través de los tiempos, a los distintos idiomas y dialectos que se hablan en las diferentes partes del mundo.

Dr. Yanés –Cuando accionemos los botones del tablero veremos aparecer a algunos de los escritores y traductores de la Biblia que nos contarán algo acerca del trabajo que han hecho.

Dr. Diéguez –Estoy sumamente interesado. No hablemos más y comencemos con el experimento.

Dr. Bermúdez –Disfrutemos de este momento tan esperado y formulemos todas las preguntas que nos vengan a la mente.

Se oye durante unos instantes una música apropiada. El Dr. Bermúdez acciona algunos botones del tablero, mientras los otros dos científicos tienen la atención concentrada sobre la cortina que simboliza un túnel.

ACTO II

Cuando cesa la música, aparece por detrás de la mencionada cortina, un hombre de barba blanca, vestido con una túnica y portando las Tablas de la Ley.

Dr. Yanés –Según lo indica nuestro tablero estamos aproximadamente en el siglo XIII antes de Cristo.

Dr. Diéguez –¿Quién será este personaje?

Moisés –Soy Moisés, el que sacó al pueblo hebreo de Egipto.

Dr. Bermúdez –¡Moisés! Es un gran privilegio conversar con usted. Cuéntenos cuál fue su trabajo en relación con la Biblia que hoy tenemos.

Moisés –Soy el autor de varios escritos del Antiguo Testamento, por inspiración de Dios, nuestro creador.

Dr. Yanés –¿Qué lleva en sus manos?

Moisés –Estas son las Tablas de la Ley que Dios me dio para mi pueblo y que ahora sirven como guía a todos los pueblos del mundo.

Dr. Diéguez –¿En cuál de sus escritos figuran registradas?

Moisés –En el segundo libro de la Biblia. ¿Conocen su nombre?

Dr. Bermúdez –¡Cómo no! Es el Exodo.

Dr. Diéguez –¿En qué idioma escribió usted esos libros?

Moisés –En hebreo, el idioma que hablaba mi pueblo, para que pudieran entender.

Dr. Yanés –¿Cómo eran las letras que usó? ¿Eran iguales a las que empleamos nosotros?

Moisés –¡No! Por supuesto que no. Eran como éstas que están grabadas en las tablas. (Muestra las tablas al público. Ver dibujo.)

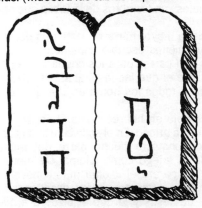

Dr. Bermúdez –¡Qué complicadas! Debió hacerle costado mucho escribir todo esto, ¿no es cierto?

Moisés –Sí. Bastante. Y para que ustedes lo sepan, el hebreo se escribe al revés de lo que lo hacen ustedes. Se escribe de derecha a izquierda.

Dr. Diéguez –¡Qué interesante! Muchas gracias por enseñarnos tantas cosas con respecto a la Biblia.

Dr. Bermúdez –Bueno, no lo detendremos más. Puede volver ya a su lugar en el pasado.

Moisés –Adiós, y que Dios los bendiga.

Se retira por el mismo lugar por el que entró.

Dr. Yanés –Vamos a avanzar unos años en la historia. (Oprime uno de los botones del tablero.)

Dr. Bermúdez –Nuestra máquina se ha detenido a mediados del primer siglo después de Cristo.

Dr. Diéguez –¿Quién escribió en esa época?

Dr. Bermúdez –En unos segundos lo vamos a saber.

Aparece por el túnel un hombre maduro, vestido con una túnica y llevando un rollo en sus manos.

Dr. Yanés –¿Quién es usted?

Pablo –Yo soy el apóstol Pablo. Respondiendo a su llamado he abandonado mi lugar en la historia, para venir a contarles parte de lo que ha sido mi aporte a la Biblia.

Dr. Bermúdez –¿Cuáles son los libros de la Biblia que han salido de su pluma?

Pablo –Soy autor de la mayor parte de los libros del Nuevo Testamento.

Dr. Diéguez –¿Para quiénes escribió esos libros?

Pablo –Todos ellos son cartas para los cristianos del primer siglo. Pero, como era Dios el que las inspiraba, han atravesado el tiempo y han servido a todos los hombres que quieren aceptar su mensaje.

Dr. Yanés –¿Las escribió en hebreo como Moisés?

Pablo –No. Yo escribí en griego. En el siglo cuarto, antes de Cristo, Alejandro Magno·conquistó buena parte del mundo Mediterráneo, imponiendo el griego como idioma. De manera que cuando yo escribí, el griego era el idioma más conocido.

Dr. Bermúdez –¿Cuál es el centro de las enseñanzas de sus cartas?

Pablo –La persona de Jesús y lo que él hizo para nuestra salvación.

Dr. Yanés –Muchas gracias por haber venido.

Pablo saluda sin hablar y se retira inmediatamente.

Dr. Diéguez –¿Oyeron? Moisés y Pablo mencionaron dos idiomas diferentes: el hebreo y el griego. Y hoy nosotros podemos leer la Biblia en nuestro propio idioma.

Dr. Bermúdez –Todo gracias a la labor intensa de los traductores que a través de los tiempos han ofrecido a los pueblos versiones de la Biblia en sus propios idiomas.

Dr. Yanés –Vamos a conversar personalmente con algunos de ellos. (Oprime un botón del tablero.)

Dr. Diéguez –¿En qué fecha estamos?

Dr. Yanés –Es el siglo cuarto de la era cristiana.

Aparece un hombre vestido con un amplio manto y un gorro en forma de cono truncado.

Ulfilas –Yo soy Ulfilas, misionero entre los visigodos.

Dr. Bermúdez –¿A qué idioma tradujo usted la Biblia?

Ulfilas –Al gótico.

Dr. Diéguez –¿Le resultó muy difícil su labor?

Ulfilas –Sumamente, por dos razones importantes.

Dr. Yanés –¿Podemos conocer esas dos razones?

Ulfilas –Sí, cómo no. Por un lado, tuve que comprender bien lo que los autores de la Biblia quisieron decir, y, por el otro, tuve que expresarlo en el idioma que los visigodos hablaban. Además, me encontré con el problema de que este pueblo pagano, no tenía letras para escribir lo que decían con palabras.

Dr. Bermúdez –Y... ¿cómo hizo para solucionar este inconveniente tan grave?

Ulfilas –No me quedó otro camino que inventar un alfabeto y luego usarlo en mi traducción.

Dr. Yanés –¿Cuánto tiempo tardó en terminar su trabajo?

Ulfilas –Aproximadamente treinta años. Fue muy duro, pero muy gratificante. Debo decirles que el alfabeto que inventé fue luego la base de idiomas tan importantes como el alemán.

Dr. Diéguez –De modo que su obra fue doble.

Dr. Bermúdez –Nos sentimos sumamente halagados de haber podido recibir información directa de usted.

Dr. Yanés –El tiempo se acaba. Ya debemos transportar a otro personaje.

Ulfilas –¡Hasta siempre, entonces!

Con paso lento, Ulfilas se retira a través del túnel.

Dr. Diéguez –Sigamos avanzando en el tiempo.

Dr. Bermúdez –Veamos... (Oprime un botón reiteradamente. Se le nota sorprendido.)

Dr. Yanés –¿Qué sucede, Dr. Bermúdez?

Dr. Bermúdez –No lo sé. Oprimo el botón correspondiente y nuestra máquina sigue detenida en el siglo IV de la era cristiana.

Dr. Yanés –Déjeme intentarlo. (Oprime el botón sin obtener ningún resultado.) ¿Se habrá descompuesto el mecanismo?

Dr. Diéguez –Esperemos a ver qué ocurre.

En ese momento entra por el túnel un monje con su atuendo característico.

San Jerónimo –No se alarmen. La máquina funciona bien. Lo que pasa es que no podía avanzar en el tiempo ya que yo viví en la misma época que Ulfilas.

Dr. Bermúdez –Y . . . ¿quién es usted?

San Jerónimo –Yo soy Eusebio Jerónimo nacido en Trieste, más conocido como San Jerónimo.

Dr. Diéguez –Leí su nombre en un libro que tengo en mi biblioteca.

Dr. Yanés –Cuéntenos algo sobre su persona.

San Jerónimo –Dediqué mi vida al servicio de Dios. Estudié la Biblia con mucha dedicación y esto me valió el encargo que me hicieron de traducirla al latín, para satisfacer las necesidades de los cristianos en Africa del Norte.

Dr. Bermúdez –¿Con qué nombre se conoce su versión de la Biblia?

San Jerónimo –Mi versión se conoce con el nombre de Vulgata.

Dr. Diéguez –¿Cuánto tiempo tardó en completar su trabajo?

San Jerónimo –Aproximadamente quince años.

Dr. Yanés –¿Qué lleva en sus manos?

San Jerónimo –Un "códice". (Muestra un libro grande.) Este es el nombre que se le da a un libro hecho de hojas planas. En la época del apóstol Pablo, se usaban rollos como el que ya vieron.

Dr. Bermúdez –¿Qué contiene ese códice?

San Jerónimo –Todo el Nuevo Testamento y casi todo el Antiguo. Yo usé este manuscrito para mi traducción.

Dr. Diéguez –Es realmente asombroso comprobar cómo han trabajado los traductores a través de los tiempos.

San Jerónimo –Creo que ya se acabó mi tiempo. Debo volver. Me siento feliz de haber sido útil.

Científicos –¡Hasta siempre!

San Jerónimo se retira saludando con su mano.

Dr. Yanés –¡Qué cantidad de información valiosa estamos recibiendo hoy!

Dr. Bermúdez –Lo más importante es que la obtenemos de las fuentes más directas.

Dr. Diéguez –(Tomando una Biblia que se encuentra cerca del tablero.) Escuchen lo que dice esta copia castellana de la Biblia: "Antigua versión de Casiodoro de Reina, revisada por Cipriano de Valera." ¿Podríamos hablar con estos dos señores?

Dr. Yanés –Vamos a tratar. Nuestra máquina deberá detenerse a mediados del siglo XVI. Veremos si puedo lograrlo. (Realiza varios intentos.) Ya está. Es la fecha exacta.

Aparecen a través del túnel, dos hombres vestidos a la usanza del siglo XVI.

Dr. Bermúdez –¡Bienvenidos! Discúlpennos por haber tenido que transportarlos hasta el siglo XX. Pero ... no se preocupen; sólo los demoraremos unos minutos.

Reina –Estamos a su servicio. Será un placer conversar con ustedes.

Dr. Diéguez –Quisiéramos que se presentaran y nos hablaran un poco acerca del trabajo de traducción de la Biblia que ustedes hicieron.

Reina –Voy a empezar yo. Soy Casiodoro de Reina, español, nacido en el año 1520.

Dr. Yanés –¿A qué dedicó su vida?

Reina –Fui monje en el monasterio de San Jerónimo en Sevilla.

Dr. Diéguez –¿Cómo fue que se propuso llevar a cabo esta empresa tan difícil?

Reina –Yo viví, como ya les dije, en el siglo XVI. En esa época, el movimiento protestante se hacía sentir en mi patria y había un interés especial por la investigación bíblica.

Dr. Bermúdez –¿Cuál era su posición con respecto a ese movimiento?

Reina –Yo simpatizaba mucho con él y debido a esto me ví obligado a fugarme del convento y de mi patria, y por doce años no tuve residencia fija, ya que tuve que continuar escapando, porque me perseguían. Durante todo ese tiempo estuve trabajando en la traducción de la Biblia a mi propia lengua, el castellano, y finalmente pude terminarla.

Dr. Yanés –¿Cuándo y en qué país fue publicada su versión?

Reina –Fue publicada en Suiza en 1569.

Dr. Diéguez –Las tremendas dificultades por las que pasó valorizan aún más su labor.

Reina –Ahora debe seguir la historia mi gran amigo Cipriano de Valera.

Dr. Bermúdez –Evidentemente su tarea es importante; de otro modo, no figuraría su nombre en la primera página de nuestra Biblia.

Dr. Yanés –Estamos ansiosos por escucharlo.

Valera –Muchas gracias. Mi vida está muy ligada a la de Casiodoro de Reina. Fui uno de sus compañeros de fuga. Yo también me sentí sumamente atraído por la Reforma y, por lo tanto, fui perseguido.

Dr. Bermúdez –(Leyendo la primera página de la Biblia) Aquí dice: "revisada por Cipriano de Valera". ¿En qué consistió esa revisión?

Valera –Después que se publicó la traducción de Reina, dediqué unos veinte años a revisarla. Modernicé los términos usados y la ortografía, suprimí las notas explicativas y algunas otras cosas más.

Dr. Yanés –¿Cuándo se publicó su trabajo?

Valera –En el año 1602 ya estuvo al alcance de los lectores.

Dr. Diéguez –¿Su revisión es ésta que tengo en mis manos?

Valera –¡No! Posteriormente ha habido numerosas revisiones de la Biblia de Reina-Valera, especialmente escritas para hacer el vocabulario más comprensible a los lectores.

Dr. Bermúdez –Ha sido sumamente ilustrativa nuestra conversación. Es importante conocer la historia de la versión castellana de la Biblia más usada en nuestros días.

Reina –Ya hemos permanecido aquí por bastante tiempo. Debemos volver al pasado. Nos alegramos de haber sido útiles.

Todos –¡Adiós!

Se retiran los dos personajes conversando entre sí.

Dr. Yanés –Todavía me queda una pregunta: ¿ya terminaron las tareas de traducción de la Biblia?

Dr. Bermúdez –Creo que podemos averiguarlo logrando que nuestra máquina se sitúe en nuestros días.

Dr. Diéguez –Hagamos el intento. Esta es una información necesaria para completar nuestro panorama sobre la traducción y transmisión de la Palabra de Dios.

Dr. Bermúdez –(Moviendo varias palancas y botones.) ¡Eso es! ¡El año en que vivimos!

Aparece por el túnel una señorita que lleva en sus manos varios ejemplares de la Biblia.

Sociedades Bíblicas –¡Buenas tardes! Espero no haber llegado tarde, como es común en este siglo XX.

Dr. Diéguez –Llega justo a tiempo. Pero... ¿quién es usted?

Sociedades Bíblicas –Yo soy "Sociedades Bíblicas".

Dr. Yanés –Y... ¿a qué se dedica?

Sociedades Bíblicas –Me dedico a la traducción de la Biblia y de partes de ella a los distintos idiomas y dialectos que se hablan en todo el mundo.

Dr. Bermúdez –¡Deben ser muchos!, ¿no es cierto?

Sociedades Bíblicas –Más de mil doscientos en total. Por ejemplo, aquí les traigo este librito que contiene sólo una parte de la Biblia escrita en "mataco", el lenguaje hablado por una población indígena del norte argentino. (Aquí se puede hacer referencia a cualquier traducción a un idioma o dialecto que sea familiar al país donde se use este material.)

Dr. Diéguez –¿Cuál es el proceso seguido después de terminada la traducción?

Sociedades Bíblicas –Yo me ocupo de imprimir la nueva versión, y luego la distribuyo.

Dr. Yanés –¿Cómo se consigue el dinero para solventar los gastos?

Sociedades Bíblicas −Por medio de donaciones especiales y ofrendas de las iglesias.

Dr. Bermúdez −¿Qué podemos hacer para colaborar con su trabajo?

Sociedades Bíblicas −Pueden hacer tres cosas fundamentales. Por un lado, pueden orar para que Dios prospere mi trabajo; por otro lado, pueden ofrendar para que no me falten fondos para realizar mi tarea y, finalmente, pueden ayudarme en la distribución de las Sagradas Escrituras.

Dr. Diéguez −Nuestra conversación con usted ha sido un digno broche de oro para nuestro experimento. Muchas gracias por su presencia.

Sociedades Bíblicas −¡Hasta pronto! Cuando me necesiten, me van a encontrar en cualquier parte del mundo.

Se retira. Por unos instantes, los tres científicos quedan pensativos. Luego, uno de ellos rompe el silencio.

Dr. Yanés −Cuando me pongo a pensar en que un libro tan antiguo ha pasado por tantas manos y que aún llega a nosotros con un mensaje tan actual, me doy cuenta de que es Dios mismo el que nos habla y que fue él, el que estuvo detrás de todos los escritores y traductores para que su mensaje no fuera alterado.

Dr. Bermúdez −Pero yo también me doy cuenta de que somos nosotros los responsables de hacer conocer el mensaje de Dios a aquellos que lo ignoran.

Dr. Diéguez −Por ser el primer experimento, la máquina "se ha portado bien". Bueno... ahora me voy.

Dr. Yanés −Lo acompañamos, doctor.

Salen los tres conversando amablemente.

TELON

UN SUEÑO INSPIRADOR

(Dramatización para niños de 4 a 8 años)

PERSONAJES

José: niño de nueve años
Mamá de José:
Pentateuco:
Libros Históricos:
Libros Proféticos:

Libros Poéticos:
Evangelios:
Cartas Apostólicas:
Apocalipsis:

ESCENOGRAFIA

La escena acontece en la habitación de un niño. Se necesita una cama o algo que sirva a los efectos de acostarse, una mesita y una gran Biblia. Esta última puede fabricarse de dos maneras diferentes. Puede ser un bastidor de dos metros de alto por un metro de ancho, cubierto con papel negro y llevando las palabras "SANTA BIBLIA" en letras doradas. Este panel se apoyará contra la pared de fondo y detrás del mismo se ubicarán los niños. También pueden usarse dos bastidores de las mismas dimensiones y forrados de la misma manera, que se ubicarán sobre el escenario tal como lo indica el dibujo.

VESTUARIO

José usará ropas de dormir, mientras que su mamá vestirá ropa de calle. El resto de los niños llevará carteles dobles conteniendo las palabras representativas del grupo de libros bíblicos que representan.

ACTO I

Aparece José en su cama, dispuesto ya para dormir. La mamá está ubicada a su lado con una Biblia en las manos.

Mamá –"Entonces Jesús, compadecido, les tocó los ojos, y en seguida recibieron la vista y le siguieron."

José –¡Qué lindas son las historias de la Biblia! No me canso de escucharlas.

Mamá –Cuando vayas a la escuela, vas a poder leerlas tú mismo. (Coloca la Biblia sobre la mesita.)

José –Tengo mucho sueño. Quiero hacer mi oración y luego dormir.

Mamá –(Tomando la mano de su hijo.) Muy bien.

José –Señor Jesús: gracias por el día de hoy. Gracias por la Biblia, que me enseña muchas cosas. Te pido que me cuides. Amén.

Mamá –Hasta mañana. (Lo tapa y le da un beso.)

José –Hasta mañana, mamá.

Se retira la mamá y mientras se oye una música suave de fondo, José se acomoda una y otra vez en su cama, hasta que se queda completamente dormido.

ACTO II

José está durmiendo mientras se oye una música suave durante algunos momentos. Cuando la música cesa, comienzan a aparecer unos curiosos personajes que van saliendo de la Biblia.

Pentateuco –(Asomándose y luego dirigiéndose a sus compañeros.) Ya se durmió. Podemos salir.

Libros Históricos –Este paseo me va a hacer muy bien.

Libros Proféticos –Además de pasear vamos a poder conversar.

Evangelios –Es verdad. Todos nos leen y nosotros nunca podemos hablar entre nosotros.

Cartas Apostólicas –Es que nuestros cuerpos, hechos de hojas de papel con letras impresas, son justamente para eso, para que nos lean y conozcan nuestro contenido.

Pentateuco –Pero pienso que sería bueno conocernos entre nosotros.

Todos –¡Sí!

Evangelios --(Dirigiéndose a Pentateuco.) ¿Qué dice tu cartel? (Lee con
   dificultad.) Pen... ta... teu... co. ¡Qué nombre difícil!
Libros Históricos –¿Qué quiere decir Pentateuco?
Pentateuco –"Penta" quiere decir cinco. Yo contengo los cinco primeros
   libros de la Biblia.
Todos –¡Ah!
Libros Proféticos –¿Y qué se cuenta en tus libros?
Pentateuco –Muchas cosas interesantes. Por ejemplo, ayer, la mamá de
   José le leyó a su hijo la historia de cuando Moisés cruzó el Mar
   Rojo. ¿La conocen?
Todos –Sí.
Pentateuco –Bueno, esa historia está aquí. (Señala el cartel que lleva.)
Libros Históricos –La palabra "historia" es mi preferida.
Evangelios –¿Por qué?
Libros Históricos –Porque yo contengo la historia del pueblo de Israel, de
   sus grandes hombres y de sus reyes...
Libros Poéticos –(Interrumpiéndolo.) ¿Qué rey famoso, por ejemplo?
Libros Históricos –El rey David, que fue un pastor de ovejas que llegó a
   ser muy importante.
Libros Poéticos –Yo conozco bastante bien a ese personaje.
Libros Proféticos –¿Conversaste con él alguna vez?
Libros Poéticos –No, porque vivió hace muchísimos años.
Evangelios –Entonces, ¿cómo es que lo conoces?
Libros Poéticos –El escribió muchos de los poemas que contengo en mis
   páginas.
Pentateuco –Tú te llamas Libros Proféticos. (Lee pausadamente.)
Libros Proféticos –Exacto. Justamente hace dos días José aprendió algo
   acerca de la vida del profeta Isaías.
Evangelios –Y... ¿qué es un "profeta"?
Libros Proféticos –Es alguien que transmite a los hombres los mensajes
   que Dios le da.
Libros Históricos –¿Es en esos libros que se encuentra la gran aventura de
   Jonás?
Libros Proféticos –Sí, Jonás fue un profeta. Además, en mis páginas se
   anuncia la venida de Jesús.
Evangelios –Justamente él es el personaje central de lo que yo narro.
Libros Históricos –¿Qué cuentas acerca de Jesús?
Evangelios –Cuento cómo nació, qué hizo durante su vida, cómo murió y
   qué hicieron sus apóstoles inmediatamente después de su resu-
   rrección.
Pentateuco –¿Apóstoles, dijiste? No sólo yo tengo un nombre raro.

Evangelios –Los apóstoles fueron los ayudantes de Jesús. Ellos lo vieron actuar y lo oyeron enseñar, y luego fueron testigos de todo lo que vieron y oyeron.

Cartas Apostólicas –También fueron los encargados de continuar el trabajo de Jesús después de que él se fue a los cielos. Muchos de ellos escribieron cartas, que son las que yo contengo.

Libros Poéticos –¿Quiénes son los que escribieron esas cartas, por ejemplo?

Cartas Apostólicas –El que más se destaca es el apóstol Pablo, quien en un principio rechazó a Jesús, pero luego, su vida cambió completamente y llegó a ser un gran misionero y escritor.

Libros Históricos –Bueno, creo que ya nos conocemos todos.

Apocalipsis –¡Un momento! ¡Falto yo!

Libros Poéticos –(Intenta leer.) A...po...ca...¿Quieres decirnos tu nombre, por favor?

Apocalipsis –¿No sabes leer?

Libros Poéticos –Sí, pero tu nombre es muy complicado.

Apocalipsis –Me llamo "Apocalipsis."

Pentateuco –Me parece que José todavía no ha leído u oído de tu contenido, ¿verdad?

Apocalipsis –Seguramente que no. Soy el último libro de la Biblia y es posible que José, por ser pequeño, no comprendería muchas de las cosas que están escritas en mis páginas.

Cartas Apostólicas –¿Qué se narra en tus páginas?

Apocalipsis –En general, lo que va a ocurrir en el futuro.

Libros Proféticos –¡Qué interesante!

En ese momento, José se mueve en su cama.

Evangelios –¡Cuidado! José se está despertando. Volvamos a nuestro lugar.

Libros Históricos –Ha sido un verdadero placer conocernos.

Vuelven todos al lugar del que salieron. Cuando se pierde el último niño dentro de las páginas de la Biblia, José se sienta en su cama.

José –¡No se vayan! ¡Quédense un momento más!

Mira para todos lados, como buscando algo y se queda pensativo por unos segundos. Luego entra la mamá.

Mamá –¿Con quién hablabas José?

José –Con los personajes de un sueño.

Mamá –¿Quiénes eran?

José –Los libros de mi Biblia.

Mamá –¿Qué te dijeron?

José –A mí, nada. Hablaron entre ellos. Pero ahora me ocurre algo especial.

Mamá –¿Qué te sucede?

José –El sueño me ha dado muchos deseos de aprender más de la Biblia.

Mamá –Dios quiere que conozcas su Palabra y utiliza incluso a los personajes de un sueño para conseguir que te intereses más por ella.

José –Mamá, ahora me voy a levantar y voy a tratar de comportarme como la Biblia me enseña.

José le da un beso a su mamá, se levanta y se va con ella de la mano mientras se oye una música de fondo.

TELON

DIA DE LA MADRE

LA FAMILIA RABITO

(Dramatización para niños de 4 a 8 años)

PERSONAJES
Don Pedro: el relator
Don Francisco Rabito: el padre
Doña Emilia Rabito: la madre
Anteojos, Orejas y Saltarín: los hijos

ESCENOGRAFIA
Las escenas se desarrollan en una habitación decorada con muebles adaptados para el uso de los niños. Como telón de fondo se puede colocar un teatro de títeres, que a la vez provee de una ventana que se va a utilizar durante el transcurso de la obra. En caso de carecer de muebles pequeños, se pueden utilizar cubos o prismas hechos con madera de cajón y pintados de colores adecuados.

VESTUARIO
Para caracterizar a los niños se pueden usar gorros fabricados en cartulina blanca y decorados con algodón, guantes del mismo color y una cola de algodón con base de cartulina. (Ver dibujos) Además, si es factible, cada uno de los conejitos llevará algún detalle relacionado con su nombre, por ejemplo: Anteojos podrá usar un par de anteojos grandes.

ACTO I

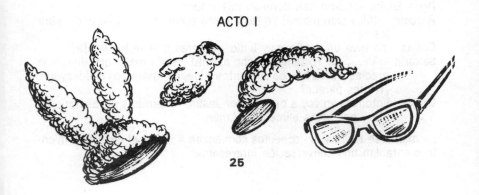

25

ACTO I

Aparece don Pedro caminando con paso apurado por uno de los costados del escenario. Mira su reloj con impaciencia, se detiene ante el público y luego de aclararse la voz comienza a hablar.

Don Pedro –¡Buenos días!, o ¡buenas tardes! En realidad ya ni sé lo que digo. Yo soy don Pedro. Disculpen por la demora. Estuve entreteniendo a unos niños y me había olvidado de ustedes. Hoy vamos a ver la historia de la familia Rabito. Esta es la casa de los conejos del cuento que disfrutaremos juntos. Hoy es el "Día de la Madre". Los tres hijos se han levantado temprano y ya van a venir a desayunar. Pero . . . mejor me escondo porque allí llegan los personajes.

Sale por el mismo lado por el que entró. En ese momento, por el costado opuesto aparece doña Emilia trayendo una bandeja con el desayuno. La coloca sobre la mesa, distribuye las tazas y luego con voz fuerte y clara llama a sus hijos.

Doña Emilia –¡Orejas! ¡Anteojos! ¡Saltarín! ¡El desayuno está servido! ¡Vengan pronto que se va a enfriar!

Los tres conejitos entran corriendo por la misma puerta que la madre y le dan un beso a doña Emilia.

Todos –¡Buenos días mamá!
Doña Emilia –¡Buenos días hijos!

Se ubican en las sillas correspondientes y la mamá coneja comienza a servir el café con leche en las tacitas.

Doña Emilia –¿Cómo han dormido mis niños?
Anteojos –¡Muy bien mamá! Yo tenía tanto sueño que casi no podía abrir los ojos.
Orejas –Yo tuve un sueño muy lindo. ¿Quieres que te lo cuente?
Saltarín –¡Ah . . . no! Yo tengo mucho apetito y sería mejor que diéramos gracias a Dios por los alimentos y luego tomáramos el desayuno. ¿No les parece?
Orejas –Entonces yo voy a orar. Señor Jesús: Te damos gracias por este día y por estos alimentos. Amén.

La mamá se retira y los conejitos comienzan a tomar el desayuno mientras entablan una conversación interesante.

Anteojos –Yo estaba pensando en que hoy es el "Día de la Madre" y nosotros no preparamos nada especial para regalarle a mamá.

Saltarín –Las mamás no quieren regalos, Anteojos.

Orejas –No quieren regalos que nos cuesten dinero, pero les agradan aquellas cosas que conseguimos con nuestro esfuerzo.

Anteojos –¡Claro! Por ejemplo: una buena calificación en la escuela, algún trabajo manual, una buena contestación, un beso...

Saltarín –¡Eso sí! Y como buenos hijos, siempre tenemos que darle regalos a mamá.

Orejas –Sí. Y especialmente en un día como hoy.

Anteojos –¡Tengo una idea! ¡Vengan!

Los tres unen sus cabezas comentando algo que el público no llega a oír. Luego terminan de desayunar apurados.

Saltarín –¡No tenemos tiempo que perder!

Se levantan y se disponen a salir de su casa.

Anteojos –¡Mamá! Vamos a salir a dar nuestro paseo acostumbrado. Volveremos a la hora de almorzar.

Doña Emilia (Desde afuera del escenario.) Bueno mis hijitos. ¡Vuelvan temprano!

Saltarín –¡Hasta luego!

Salen los tres caminando y cantando alguna canción. Entra la mamá y levanta la mesa. Suspira y se va triste. En cuanto sale aparece don Pedro para hacer un comentario.

Don Pedro –No se extrañen los niños presentes, de que los conejitos se vayan a pasear con tanta libertad y sin la compañía de sus padres. Lo que pasa es que en el bosque, donde ellos viven, no hay tantos peligros como en las ciudades. Además, los animales desde muy pequeños, aprenden a andar solos. ¡Así son ellos! Se comportan en forma un poco diferente que los niños, quienes deben permanecer más cerca de papá y mamá. Bueno... pero no tengo que hablar tanto. Vuelvo a mi escondite. (Se oye una música suave por unos segundos.)

ACTO II

Entra don Francisco con herramientas en sus manos, que inmediatamente deja dentro de un cajón o caja colocado a un costado del escenario.

Don Francisco –¡Qué rápido pasa la mañana! Ya es el mediodía. ¡Qué cansado estoy! Así es la vida de los animales en el bosque. ¡Trabajar, trabajar y trabajar! Bueno ... voy a saludar a Emilia porque hoy es el "Día de la Madre", y tanto mis hijos como yo debemos agasajarla. ¡Emilia! ¡Ya llegué!

Doña Emilia –(Entrando con paso suave.) Buenos días Francisco. ¡Qué alegría tenerte en casa! (Le da un beso.)

Don Francisco –Hoy había un clima de alegría entre los animales del bosque. Todos los padres estaban trabajando en la construcción de la cabaña para esa ardilla anciana que no tiene familia. Nosotros los animales no somos como los humanos que tienen un templo a dónde ir. Pero igualmente, aunque nadie nos lo enseñe, sabemos que Jesús nos mira y se pone contento cuando hacemos algo por nuestros vecinos que nos necesitan. ¿No te parece, Emilia?

Doña Emilia –Tienes mucha razón.

Don Francisco –Mientras nosotros trabajábamos, los niños iban y venían llevando regalos a sus mamás, por ser hoy el "Día de la Madre".

Doña Emilia –Yo estoy muy triste. Mis hijos no se han acordado de darme un beso especial hoy. Además se fueron temprano y todavía no han vuelto.

Don Francisco –Bueno, bueno. Ya van a venir. Por ahora podemos comenzar a almorzar.

Doña Emilia –Ya traigo la comida.

Don Francisco se sienta a leer el diario y doña Emilia sale. Muy pronto vuelve a entrar trayendo una bandeja con la comida.

Don Francisco –¡Qué bien huele eso! Sentémonos pronto. (Ambos se sientan. Inclinan las cabezas y oran en silencio.)

Don Francisco empieza a comer pero doña Emilia se queda pensativa. De repente se oye un ruido, como el de una piedra golpeando contra la pared.

Doña Emilia –(Sobresaltada.) ¿Qué fue ese ruido?

Los dos conejos se asoman por la ventana. En ese momento se abre la puerta y entran sigilosamente los tres conejos portando una enorme zanahoria. Se colocan al lado de la mesa. El papá y la mamá vuelven a su posición anterior.

Doña Emilia –(Asustada.) ¡Eh! ¿Por dónde entraron?

Anteojos –Por la puerta. (Risas.)

Todos –¡Feliz día mamá!
Orejas –Nuestro regalo es muy humilde, pero nos costó bastante conseguirlo. (Le entregan la zanahoria.)
Doña Emilia –¡Gracias, muchas gracias!
Saltarín –Tardamos más de lo debido porque como todos los conejos pensaron en el mismo obsequio, no encontramos ninguna zanahoria por aquí cerca.
Anteojos –También tenemos otra cosa para ti. Orejas, es tu turno.
Orejas –Mamá, te queremos mucho. Deseamos ser hijos buenos y obedientes para que tú y papá estén siempre contentos.
Don Francisco –¿Viste, Emilia, que no se habían olvidado?
Doña Emilia –¡Qué familia más linda tengo!
Anteojos –¡Viva la familia Rabito!
Todos –¡Viva!

Todos los personajes se toman de la mano para salir, pero don Pedro los detiene.

Don Pedro –¡Un momento! ¡No se vayan! Aquí, entre estas personas que los están mirando (señala al auditorio), puede haber mamás que no tengan a sus hijos cerca, y hoy ellas también quieren recibir un regalo. ¿No quieren ustedes ofrecérselo?
Orejas –¡Cómo no! ¿Qué les parece si cantamos la canción que nosotros preparamos?
Todos –¡Buena idea!

Cantan la siguiente canción con la música de "Feliz Cumpleaños":

> Feliz día mamá,
> Feliz día mamá,
> Que Jesús te bendiga
> Feliz día mamá.

Salen todos tomados de la mano. Don Pedro se une a ellos y sale saludando al público.

TELON

EL MEJOR OBSEQUIO

(Dramatización para primarios)

PERSONAJES
José López: el padre.
Marta de López: la madre.
Damián, Juan Carlos y Lucía: los hijos.
Doña Rosario: anciana, miembro de la iglesia.
Relator

ESCENOGRAFIA
El episodio se desarrolla en una sala de la casa de los López. El moblaje debe ser el adecuado a tal lugar: sillas o sillones, una mesa y cualquier otro elemento que pueda adaptarse.

VESTUARIO
Los personajes usarán ropas corrientes, simulando tener la edad apropiada para cada uno de ellos. Doña Rosario deberá ser canosa y usar un bastón. Marta y su esposo tienen alrededor de cuarenta y cinco años. Juan Carlos, Damián y Lucía son jóvenes menores de veinticinco años.

ACTO I

Relator –Los López son fieles miembros de la iglesia del barrio. Son muy activos en su trabajo y dan constantemente testimonio de su fe. Tienen tres hijos, Damián, Juan Carlos y Lucía, a quienes han educado en su misma fe. Es el día sábado a media mañana. Marta acaba de regresar de hacer sus compras.

Marta –(Entra cargada con bolsas.) ¡Uf! ¡Qué cantidad de gente en los negocios! Parece que todos salieran de compras los sábados de mañana. Bueno . . . en realidad como mañana se celebra el "Día de la Madre", todos se están preparando y compran todo lo necesario para un almuerzo especial. Mejor . . . sigo con mi trabajo. (Se retira por la otra puerta.)

Entra José con un periódico en su mano, se sienta sin decir nada y se pone a leer. En ese momento vuelve a entrar Marta con un escobillón. Al verlo se asusta.

Marta –(Habla atemorizada y casi gritando.) ¿Quién es usted? ¿Por dónde entró?

José –(Baja el periódico que le cubría la cara.) Soy yo, señora de López, su queridísimo esposo.

Marta –(Desplomándose sobre una silla.) Pero, ¡qué susto! Pensé que era un ladrón.

José –(Riendo.) ¿En qué programa de televisión has visto un ladrón, que entre a robar y se siente a leer el diario?

Marta –Bueno... bueno, ya te estás riendo de mí. Lo que ocurre es que no te esperaba. Nunca vienes a esta hora.

José –Es verdad. Pero como ayer me quedé dos horas más en el trabajo, hoy pude salir dos horas antes. Quise hacerlo por si necesitabas que te hiciera algunas compras para mañana.

Marta –Has sido muy amable. Pero no hace falta. Ya tengo todo. ¡Ah!, me olvidaba. Juan Carlos y Lucía tenían un examen en la universidad y querían que los fueras a buscar en automóvil, porque tienen muchos libros que traer.

José –¡Cómo no! Será un placer. Tú sabes lo satisfecho que estoy al ver a mis hijos estudiando y prosperando.

Marta –Es una verdadera bendición de Dios tener hijos como los nuestros. Lo que me entristece es saber que si bien Juan Carlos y Lucía son cristianos, Damián se ha apartado de Dios. Ni siquiera recuerda lo que aprendió cuando era niño.

José –No digas que no se acuerda. Digamos que no quiere recordar. Lo que se llega a conocer cuando uno es pequeño, no se olvida jamás.

Marta –¿Por qué, entonces, no acepta ni siquiera que le hablen de Jesús?

José –Tú sabes que Damián fue siempre muy independiente. Su capacidad le permitió prosperar mucho en sus negocios. Piensa que sólo tiene veinticuatro años y ya es todo un empresario.

Marta –Nunca voy a olvidar el día en que decidió comprarse un departamento para vivir solo.

José –Por eso te dije que es muy independiente. Quiso hacer todo sin ayuda y su talento se lo permitió.

Marta –¿En qué habremos fallado como padres?

José –No sé. Sólo te puedo decir que Damián es mi especial motivo de oración personal, como lo es también de nuestra oración familiar.

Llaman a la puerta. José se pone en pie para ir a abrir.

Marta –Debe ser alguna vecina. Siempre viene alguien durante las mañanas.

José –(Abriendo la puerta.) Pero ... ¡quién está aquí! ¡Nada menos que un personaje!

Doña Rosario –¡Calle! ... ¡calle! Los personajes están en la Casa de Gobierno. Yo no soy nada más que una anciana conversadora que trata de ser amable con todos, aunque no sé si lo consigo.

Marta –¡Doña Rosario! ¡Qué alegría! Siéntese, por favor.

Doña Rosario –Gracias. (Se sienta.) Venía para contarles algo que me ocurrió el miércoles por la noche. ¿Han visto a Damián en estos días?

José –Bueno ... estuvo almorzando con nosotros el domingo pasado, como de costumbre ...

Marta –Luego nos telefoneó el martes por la noche y ... creo que desde ese día no nos volvimos a comunicar. Supongo que mañana vendrá. ¿Por qué nos pregunta por él?

Doña Rosario –Ustedes saben que yo, siempre que puedo, y tratando de no importunar, voy a visitarlo y le llevo pasteles.

José –Damián la quiere mucho.

Doña Rosario –Ocurre que el miércoles a la hora acostumbrada fui a su casa. Cuando llegué, él acababa de regresar. Me invitó a pasar, como de costumbre, pero durante el tiempo que estuve allí, casi no habló. Estaba pensativo, como si tuviera algún problema.

Marta –Seguramente debe haber fracasado en algún negocio. Es lo único que lo deprime. De no ser por eso, la vida es risa para él. Ni siquiera se detiene un momento para ver lo que ocurre a su alrededor.

José –No digas eso, Marta. Hablas como si nuestro hijo fuera un ser insensible.

Doña Rosario –Todo esto no importa. Lo que deben ustedes hacer es tratar de averiguar qué es lo que le ocurre a Damián, para intentar ayudarlo.

José –Por supuesto, haremos todo lo posible, pero él es impenetrable. No sé si va a querer que lo ayudemos.

Doña Rosario –Ahora me voy. (Se levanta con dificultad.) Es casi el mediodía y todavía no preparo mi almuerzo.

José –(Acompañando a doña Rosario hasta la puerta.) Muchas gracias por preocuparse así por nuestro hijo.

Doña Rosario –Gracias ... por nada. Es mi deber como cristiana y basta. Hasta pronto. (Se retira.)

José –Juan Carlos y Lucía ya deben haber terminado su examen y estarán esperándome. Me voy rápido. (Sale apurado.)
Marta –Hasta luego.

Marta queda sola y comienza a barrer la sala utilizando el escobillón que había quedado apoyado sobre la pared. De pronto se detiene y empieza a orar en voz alta.

Marta –Señor, tú sabes todas las cosas y por lo tanto estás enterado de los problemas de Damián. Quiero que tú nos ayudes para poder serle útiles.

Barre por unos momentos más y luego se retira. Se oye una música de fondo.

ACTO II

Relator –Ya han pasado veinticuatro horas desde la visita de doña Rosario. La vida familiar continuó normalmente, si bien Marta y José están muy preocupados. Hoy es el "Día de la Madre", y los hijos quieren agasajar a Marta.

Se abre el telón y aparecen Lucía y Juan Carlos terminando de preparar un paquete.

Juan Carlos –¡Qué mal me salen los moños! ¿Por qué no me ayudas, Lucía?
Lucía –(Con tono exagerado.) Será un placer. (Ambos se ríen.)
Juan Carlos –¡Rápido, antes de que aparezca mamá! (Se oye un ruido de una puerta que se abre.)
Lucía –¡Cuidado! (Esconden el regalo debajo de la mesa. Aparece por la puerta José, el padre.)
Juan Carlos –¡Qué susto, papá! Creíamos que era mamá, y no queremos que vea el regalo hasta que no llegue Damián y estemos todos juntos.
José –A propósito . . . ¿ustedes han hablado con Damián en estos días?
Lucía –Sí. Yo lo vi el jueves, cuando nos encontramos para comprarle el regalo a mamá.
José –¿No notaste algo extraño en él?
Lucía –Lo vi muy contento, pero a la vez muy callado. Como ya sabemos lo cambiante que es, no le di mucha importancia. ¿Por qué me lo preguntas?

José –Por nada en especial. Sólo que . . . bueno, después vamos a conversar.

Lucía –Está bien, "Señor Secretos". (Sonríen los tres.)

Juan Carlos –(Sacando el paquete de debajo de la mesa.) ¿Dónde lo colocamos? (El timbre interrumpe la conversación.)

Lucía –En ninguna parte. Ese debe ser Damián, y por lo tanto, ahora mismo se lo vamos a entregar a mamá.

José se dirige hacia la puerta y al abrirla aparece Damián.

Damián –¡Buenos días, familia! (Saluda a todos.) ¿Cómo? . . . ¿Y la agasajada?

José –Como de costumbre está dando los últimos toques al almuerzo, para que todo esté "perfecto".

Lucía –Voy a buscarla. Ustedes esperen aquí, que ya vuelvo.

Sale Lucía llamando a su mamá. Apenas abre la puerta aparece Marta.

Lucía –Ni siquiera nos deja ir a buscarla. Ya está aquí.

Marta –Hola, Damián. (Lo saluda.)

Damián –¡Felicidades en tu día, mamá!

Marta –¡Muchas gracias!

Juan Carlos –Ahora que ya estamos todos queremos entregarte este obsequio que compramos en nombre de papá y nuestro.

Marta –(Recibe el paquete con alegría.) ¡Qué intriga! ¿Qué habrá aquí adentro? (Lo abre y se encuentra con un artefacto para el hogar.)

Marta –¡Qué buena idea han tenido! Me hacía tanta falta. Muchas, pero muchas gracias.

Damián –Yo tengo otra cosa más para ti, mamá. En realidad es para todos. Pero como hoy la agasajada es mamá, se lo entrego a ella. (Le da una carta.)

Juan Carlos –Te has venido misterioso, hermanito.

Lucía –Bueno, si el regalo es para todos, supongo que mamá puede leer la carta en voz alta.

Damián –Por supuesto.

Se hace un momento de silencio mientras Marta abre el sobre. Damián se aparta y se sienta solo, en la parte de atrás de la escena. Todos los demás quedan en pie, con la mirada fija en el papel. Marta comienza a leer.

Marta –Querida familia: Siempre he valorado la educación que recibí. Es para mí un placer recordar los días de mi infancia, mis juegos con mis hermanos, nuestras salidas, las expresiones de cariño y tantas otras cosas. Pero hay algo que por mucho tiempo ignoré y a lo cual no le di la importancia debida. Me refiero a la vida cristiana de nuestra familia. Cuando era niño hacía lo que me indicaban; pero luego crecí, y cuando pude tomar mis decisiones sepulté todo lo que me habían enseñado, y creí de esa manera, verme liberado de algo que en el momento no me parecía de valor. Pero siempre hay circunstancias en la vida que nos hacen mirar hacia atrás y pensar muy seriamente. Esto es exactamente lo que me pasó. Y fue cuando miré y recordé, que me di cuenta de que todo eso que yo había tratado de olvidar, era real e importante también para mí. De pronto sentí que Jesús, a quien yo había menospreciado, había estado permanentemente a mi lado, y entonces quise que definitivamente él participara de todas mis cosas, y que en forma total, fuera él quien guiara mi vida. Les doy gracias porque sé que ustedes siempre han estado orando por mí, y a la vez les pido disculpas por no haberles dado esta alegría antes. Reciban un beso grande. Damián.

Juan Carlos –Esto sí que no me lo esperaba. (Todos abrazan a Damián)

Marta –No te imaginas lo mucho que representa esta carta para nosotros y lo significativo que ha sido, que fuera justamente hoy, cuando nos dieras la noticia.

Damián –Hace ya una semana que quería decirlo, pero preferí esperar, aunque me costó muchísimo.

José –Esta es la razón por la que doña Rosario lo encontró algo taciturno y hasta triste.

Marta –Pero . . . hay algo que me preocupa. Dices en la carta que hay circunstancias en la vida que nos hacen mirar hacia atrás. ¿Qué fue lo que te hizo recapacitar? ¿Estás pasando por algún problema serio? ¿Podemos ayudarte?

Damián –¡Todo lo contrario! Problemas no tengo ninguno. Fue justamente esto lo que me impactó. Frecuentemente pedimos ayuda a Dios en los momentos de dificultades y nos olvidamos de él cuando todo marcha bien. A mí me ocurrió todo lo contrario. Tuve un éxito insospechado en un negocio y me di cuenta de que la única razón de ese triunfo era el Señor, que estaba a mi lado. ¿Qué otra cosa podía hacer que no fuera pedir perdón y ponerme a sus pies?

Juan Carlos –Estamos seguros de que ese mismo Señor te va a seguir sosteniendo.

Marta –El "Día de la Madre" ha sido siempre feliz para mí. Ustedes son unos buenos hijos, cariñosos y agradecidos. Pero les puedo asegurar que este día de hoy va a quedar marcado en mi corazón y no lo voy a olvidar jamás.

José –¡Hoy la familia López tiene un doble motivo de fiesta! Salen todos riendo y conversando.

TELON

DIA DEL PADRE

DIA DE SORPRESAS

(Dramatización para primarios)

PERSONAJES
Don Pedro: el padre.
Doña Julieta: la madre.
Doña Clotilde: una vecina.
Marta:
Federico:
Eduardo:
Guillermo:
Relator:

los hijos.

ESCENOGRAFIA
El evento se desarrolla en la sala de una casa. El moblaje debe adaptarse al lugar: una mesa, sillas, sillones o cualquier otro elemento decorativo que contribuya a embellecer la escena.

VESTUARIO
Los personajes usarán ropas corrientes, simulando tener las edades apropiadas para cada uno de ellos.

ACTO I
ESCENA I
Relator –Don Pedro es un comerciante de unos sesenta y cinco años. Vive con su esposa en un pueblo pequeño. Sus tres hijos y su hija ya han formado sus hogares y viven en lugares distantes, donde han encontrado mejores posibilidades de desarrollo y progreso. El hecho tiene lugar en la víspera del Día del Padre. Son las 19 hs. del día sábado. Los esposos están en la sala de su casa ocupados en sus quehaceres.

Doña Julieta –Pedro, ¿qué hora es?

Don Pedro –Son las siete y media.

Doña Julieta –¡Cómo se pasa el tiempo! Dentro de unos momentos voy a preparar la cena. ¿Te falta mucho para terminar con tu lectura?

Don Pedro –En realidad me falta bastante. Pero puedo terminar en otro momento. No quisiera acostarme muy tarde porque mañana debemos ir temprano al templo. Es el Día del Padre y ya sabes que el programa de la mañana comienza antes de lo acostumbrado.

Doña Julieta –Sí, ya lo recuerdo. Seguramente vamos a tener algo especial referente al día que celebramos.

Don Pedro –Sabes, Julieta, me siento un poco triste. Es la primera vez que me sucede. Quizá sea porque estoy envejeciendo. Siempre entendí la razón por la cual nuestros hijos tuvieron que irse lejos. Aquí tenían muy pocas posibilidades de progreso. Pero este año al llegar el Día del Padre y encontrarme solo...

Doña Julieta –¡Cómo solo! ¿Y yo qué soy? ¿Una estatua?

Don Pedro –No quise ofenderte. Quise decir "solo" sin mis hijos.

Doña Julieta –Eso suena mejor.

Don Pedro –Continúo. Al encontrarme solo, siento que me veo privado de un gran privilegio. No sé por qué. El día de mañana es una de esas pequeñas cosas de la vida que nos reconfortan y por las que siempre debemos dar gracias a Dios. Lo que me tiene más preocupado es el hecho de no haber recibido ni una sola carta de ellos en los últimos días. Yo sé que están ocupados. Pero escribir dos líneas a sus padres no les lleva mucho tiempo, ¿no te parece?

Doña Julieta –Tienes razón. Pero no seamos injustos. Tú sabes que el correo anda mal. Quizá llegue algo el lunes, porque ya mañana los carteros no trabajan. De todos modos, tú los conoces bien y sabes cuánto nos quieren. Sabes también que mañana van a estar pensando en ti. Bueno, voy a preparar la cena porque esto se está poniendo demasiado triste.

Sale doña Julieta, y don Pedro se queda pensativo por unos segundos. Luego retorna a su lectura. Después de unos momentos golpean a la puerta. Es Clotilde, una vecina y amiga de la familia.

Doña Clotilde –Buenas noches, don Pedro. Tenemos buen tiempo, ¿no es cierto?

Don Pedro –Bastante bueno. ¿Qué la trae por acá?

Doña Clotilde –Vaya pronto a mi casa que tiene un llamado telefónico de larga distancia. Quizá sea algo importante.

Don Pedro –No sé. ¡Julieta! Voy a casa de doña Clotilde para atender un llamado telefónico y vuelvo.
Doña Julieta –(Desde afuera del escenario.)) ¡Bueno! Ve tranquilo.

Salen apurados don Pedro y doña Clotilde. Se oye una música de fondo.

ESCENA II
Don Pedro vuelve a su casa. Se le nota alegre y a la vez sorprendido. Al entrar, doña Julieta aún está en la cocina.

Don Pedro –¡Qué raro! Pero si me parecía... No entiendo. Pero sin embargo, yo pienso...

En ese momento entra doña Julieta. Don Pedro está de espaldas y no la ve. Al oirla se da vuelta sorprendido.

Doña Julieta –¡Qué bien! Hablando solo. ¡Eso sí que es grave!
Don Pedro –No es para tanto. Sólo estaba pensando en voz alta.
Doña Julieta –Bueno, me quedo más tranquila. ¿Quién era?
Don Pedro –Era Guillermo, nuestro hijo menor.
Doña Julieta –¡Ah! ¿Cómo está? ¿Cómo está Cristina? ¿Y los niños? ¿Se curó Gustavo? ¿Le quedó bien el pull-over que le envié a Laura? ¿Cómo le va en el trabajo? (Con impaciencia.) ¡No me cuentas nada!
Don Pedro –¡Pero, mujer, si no me has dejado hablar! Todos están bien de salud. Sus negocios mejoran día a día. Con respecto al pull-over no me dijo nada. De todas maneras me aseguró que muy pronto vamos a tener noticias más detalladas. Enviará una carta, seguramente. Me saludó por el día de mañana, lamentando no poder venir. Con él estaba nuestra hija Marta en ese momento. Ella también nos manda muchos besos porque no puede venir. Bueno... terminó el informativo. Ahora tengo apetito y de la cocina sale un aroma de lo más tentador.
Doña Julieta –Ya está todo listo. Después de este llamado telefónico la comida va a parecerte más sabrosa. ¿No es cierto?
Don Pedro –Realmente, los hijos son importantes, y al no poder tenerlos cerca, nos alegra aunque más no sea saber que están bien y que nos recuerdan. Pero todavía no estoy del todo feliz. No sabemos nada de Eduardo ni de Federico.
Doña Julieta –Bueno, "don rezongón". Confórmese con lo que tiene, que ya es bastante. Ya vamos a tener noticias de los otros. Vamos a

la cocina a cenar, y luego, a dormir para poder madrugar mañana.

Salen don Pedro y doña Julieta. Se oye una música.

ACTO II

ESCENA I

Relator –Son las nueve de la mañana del día domingo. Los esposos Ramírez ya han desayunado y están preparándose para salir rumbo al templo.

Don Pedro –¡Julieta! ¿Dónde están mi Biblia y mi himnario? Anoche los dejé preparados sobre la mesa y ahora...

Doña Julieta –(Desde afuera del escenario.) Ya te los llevo.

Don Pedro continúa buscando otras cosas.

Don Pedro –¡Julieta! ¿Dónde están mis anteojos?

Doña Julieta –(Entra en ese momento.) ¡Los tienes puestos, Pedro!

Don Pedro –(Se toca los anteojos.) No me había dado cuenta. Bueno, ¿ya estás lista? Debemos ir a buscar a los esposos González, que ya están muy ancianos para caminar.

Doña Julieta –Voy a cerrar la puerta de atrás, y ya vengo.

Sale doña Julieta y en ese momento llaman a la puerta. Don Pedro abre y se encuentra con un cartero con barba, bigotes y anteojos.

Cartero –Buenos días. ¿Familia Ramírez?

Don Pedro –Sí, pase señor.

Cartero –Quizá se sorprenda al verme aquí hoy que es un día feriado. Lo que sucede es que el correo local ha querido hacerle un obsequio especial a usted que es un comerciante de tanto prestigio en ·este pueblo. Esta carta debió haber sido entregada ayer, pero no me alcanzó el tiempo. Como verá, es una tarjeta de saludos que venía sin sobre. Como nos dimos cuenta que era de sus hijos, y sabiendo que hoy es el Día del Padre, las autoridades del correo no quisieron que se quedara sin ella. Es por eso que estoy aquí. Ahora, si me permite. yo mismo se la voy a leer.

Don Pedro –¡Cómo no! Si viene sin sobre no debe contener ningún secreto.

El cartero comienza a leer. Don Pedro lo mira fijamente y hace un gesto de aprobación.

Cartero –"Querido papá: Te mandamos un fuerte abrazo y un beso. Muy pronto, antes de lo que te imaginas, vas a recibir noticias nuestras, que te van a alegrar mucho. Eduardo y Federico".

Don Pedro –Escúcheme señor cartero. ¿Usted piensa que yo soy un "anciano distraído"? ¡Cómo se atreve a engañarme! ¡Fuera esa barba, esos anteojos y esa gorra y dele un abrazo a su padre, que aunque no lo vea en cincuenta años, siempre lo va a reconocer! (Le quita todo a medida que lo va mencionando y luego lo abraza.)

En ese momento entra doña Julieta.

Doña Julieta –¡Eduardo! (Se abrazan.) ¡Qué sorpresa!

Casi inmediatamente golpean a la puerta. Don Pedro abre y entran Marta y Federico.

Todos –¡Felicidades, papá!

Don Pedro –(Muy emocionado). ¡Esto ya es demasiado! ¡Jamás lo hubiera imaginado!

Marta –¿Estás contento, papá?

Don Pedro –¿Y qué te parece? Tengo a todos mis hijos juntos como cuando eran niños. Bueno... todos, no.

En ese momento Guillermo se asoma por la puerta.

Guillermo –Buenos días. ¿Puedo·pasar?

Don Pedro –¡Guillermo también! ¡Qué alegría!

Guillermo –Estaba deseoso de venir antes, pero teníamos que hacer todo tal cual lo habíamos planeado. En realidad yo llegué ayer a las 19.15 hs. y pasé la noche en casa de doña Clotilde.

Don Pedro –Ya me parecía. Se va aclarando la cuestión. ¿Te acuerdas, Julieta, que cuando llegué de hablar por teléfono estuve pensando unos momentos en voz alta?

Doña Julieta –Sí, y yo pensé que... (Hace un gesto indicativo de "locura".)

Don Pedro –¡Exactamente! La razón era que no me pareció que el llamado fuera de larga distancia, por una serie de detalles. Parecía que la persona que hablaba hubiera estado en la misma casa.

Guillermo –Tú lo has dicho. Yo estaba en la casa hablando por el teléfono que doña Clotilde tiene en una habitación al fondo de su casa. (Todos se ríen y en especial don Pedro.)

Doña Julieta –¡Pero qué bien lo han pensado todo!

Marta –El resto de nuestras familias llega al mediodía.

Federico –Papá, supongo que hoy vamos a participar todos juntos del culto.

Don Pedro –Será el mejor de los regalos.

Federico –Muy bien, pero antes vamos a entonar una canción que te hemos preparado. ¿Todavía tienes las guitarras con las que aprendimos a tocar?

Don Pedro –Eso ni se pregunta.

Doña Julieta –Yo las traigo.

Federico –Pensamos que te iba a gustar mucho este tipo de regalo, y por eso nos reunimos en casa de Marta, y juntos compusimos la letra para ti.

Doña Julieta –(Trayendo las guitarras.) Aquí están.

Todos se sientan y los hijos cantan. Al terminar, Marta se adelanta y se dirige al auditorio.

Marta –Yo quiero decirle algo a don Pedro, pero deseo que mis palabras sean eco de lo que todos los hijos ansían decirles a sus padres hoy: "Papá, te queremos mucho y es nuestro ruego cada día, que el Señor te bendiga y te cuide para que puedas gozar realmente de los años que él te dé".

Salen todos cantando la canción.

TELON

DIA DE LAS MISIONES

YO QUIERO SER MISIONERO

(Dramatización para primarios)

PERSONAJES
Relator
Raúl
Graciela
Luciano
Maximiliano
Sebastián
Juan Marcos
Virginia
Silvia

Miembros del Departamento de Primarios
de una iglesia.

Mónica de Vázquez
Héctor Vázquez

Consejeros del grupo.

ESCENOGRAFIA
La escena se desarrolla en un aula del edificio educacional. El moblaje debe ser adecuado al lugar: una mesa, varias sillas, algunas láminas y un pizarrón exhibiendo un planisferio.

VESTUARIO
Los personajes deben usar ropas corrientes. Los niños que representen los papeles de Mónica y Héctor Vázquez tendrán que caracterizarse de tal manera, que simulen tener alrededor de treinta años de edad.

ACTO I

Relator –Es un sábado por la tarde. Los integrantes del grupo de primarios se han dado cita para preparar un programa con motivo del "Día de las Misiones". Están muy entusiasmados. Durante los últimos días han estado recibiendo lecciones especiales referentes al tema y en esta oportunidad quieren mostrar lo que han aprendido para que pueda servir de inspiración a otros.

Los niños ingresan al aula y toman su lugar para trabajar.

Raúl –(Mirando su reloj.) Hoy hemos sido todos puntuales.

Graciela –Es que tenemos mucho interés en lo que estamos haciendo y estamos ansiosos por terminarlo. Además a las 17 hs. debemos estar en el anexo (misión) de nuestra iglesia para ayudar en los trabajos que allí se están realizando.

Sebastián –Está ubicado en un barrio muy populoso, donde la gente no se acuerda para nada de Dios.

Luciano –Mis padres querían que fuera con ellos a pasar un día en el campo. Papá es un hombre muy ocupado y espera ansioso la llegada del día sábado para salir con su familia y olvidarse de sus problemas de trabajo.

Maximiliano –Y... ¿cómo reaccionó cuando le dijiste que no ibas con ellos?

Luciano –Se entristeció un poco, pero comprendió.

Sebastián –¿Qué les parece si comenzamos?

Juan Marcos –Sebastián, ¿trajiste las hojas que necesitamos?

Sebastián –¿Cómo me las iba a olvidar?

Juan Marcos –Y tú Silvia... ¿te acordaste de preguntarle a la señora Mónica de Vázquez los datos que nos faltaban?

Silvia –La llamé por teléfono y me atendió su esposo Héctor. Me dijo que ambos vendrían esta tarde para ayudarnos en lo que pudieran ser útiles.

Virginia –¿Les dijiste a qué hora nos íbamos a reunir?

Silvia –Por supuesto, Virginia.

Raúl –No pueden tardar entonces.

Maximiliano –Tenemos tiempo. Todavía faltan tres semanas para el "Día de las Misiones".

Juan Marcos –Sí, pero no olvides, Maximiliano, que aún debemos redactar el texto del programa.

Graciela –Y después nos quedan los ensayos, Juan Marcos.

Luciano –Pienso que nos va a alcanzar el tiempo sin llevarnos ningún apurón.

Graciela –Luciano es muy optimista. Sería bueno que tuviera razón. (Todos sonríen.)

Los esposos Vázquez interrumpen la conversación al entrar al aula. Los niños los reciben con alegría.

Señor y señora Vázquez –¡Buenas tardes!
Todos –¡Buenas tardes!
Juan Marcos –Raúl, ¿puedes traer sillas para nuestros consejeros?
Raúl –¡Cómo no! Voy enseguida.

Se ubican rápidamente en los lugares que los niños les preparan.

Héctor Vázquez –¿Cómo marchan los preparativos?
Graciela –Están un poco retrasados. Tenemos casi toda la información, pero aún debemos redactar el programa.
Mónica de Vázquez –Yo les traje los datos que me pidieron sobre la obra en Africa. También les conseguí algunas anécdotas sobre la vida de misioneros en distintos lugares.
Maximiliano –Ya hemos marcado en este planisferio muchos de los lugares en que hay misioneros trabajando.
Virginia –Al ver este mapa tan lleno de señales, me acuerdo de la ordenanza de Jesús de ir "hasta lo último de la tierra". Estas palabras se están cumpliendo en nuestros días.
Raúl –Tiene que ser muy difícil para esos hombres y esas mujeres dejar todo lo que tienen para dedicar sus vidas a los demás en algún lugar lejano de su patria.
Luciano –Ellos reciben un llamado especial de Dios para hacerlo y él los sostiene y les da fuerzas para trabajar.
Silvia –¿Cómo se consigue el dinero para que ellos puedan comer y vestirse?
Mónica de Vásquez –Todos los cristianos en todas partes del mundo ofrendan para la obra misionera. Algunos tienen el privilegio de dar grandes sumas, otros, cantidades muy humildes. Pero tanto unos como otros son útiles en las manos de Dios.
Juan Marcos –¿Cómo hacen para adaptarse al lugar en que deben vivir y trabajar? Algunos van a lugares con climas, costumbres y lenguajes completamente distintos de los de su patria.
Héctor Vázquez –Esa es una etapa difícil. Sencillamente deben olvidarse de las comodidades y usos de su país y hacer de cuenta que siempre vivieron en su lugar de trabajo. Es difícil, pero con la ayuda del Señor todo es posible.

Maximiliano se pone de pie y queda pensativo frente al planisferio, mientras los demás siguen conversando.

Graciela –Yo leí un libro muy interesante sobre la vida de varios misioneros en distintas partes del mundo. En él se relataban los inconvenientes que esos seres elegidos por Dios tenían que soportar.

Virginia –Y... ¿cómo terminaban esas historias, Graciela?

Graciela –Todas de la misma manera: con triunfos sobre los problemas y más fuerzas para seguir adelante.

Silvia –Yo me emociono cuando escucho estas cosas.

Héctor Vázquez –Pienso que toda esta conversación les va a ser útil para redactar el programa para el "Día de las Misiones".

Raúl –De alguna manera debemos transmitir a todos los que nos escuchen, un sentimiento de responsabilidad por esos hombres y mujeres, que ofrendan sus vidas en servicio a Dios y al prójimo.

Luciano –No nos demoremos más. Empecemos ya.

En ese momento, se dan cuenta de que Maximiliano está separado del grupo.

Juan Marcos –¿Qué te pasa Maxi? Te noto preocupado. ¿Por qué no te sientas con nosotros a escribir?

Maximiliano –Yo no quiero arruinar la alegría que hay aquí entre nosotros. Pero... no puedo evitar sentirme triste.

Mónica de Vázquez –¿Por qué? ¿Nos puedes contar?

Maximiliano –Por supuesto. Ustedes son mis amigos.

Sebastián –Te escuchamos entonces.

Maximiliano –Al pensar en las vidas de los misioneros, me sentí triste porque Jesús ordenó a todos los cristianos que vayamos por todo el mundo. Y... ¿qué estamos haciendo nosotros? ¿Qué estoy haciendo yo por cumplir con esa ordenanza? Dijimos que debemos ser responsables por la obra misionera. ¿En qué estamos colaborando con esos hombres y mujeres que se entregan por entero al trabajo? Siento que no estoy haciendo nada y esto me preocupa. Por otro lado, todavía somos primarios y no adultos como para decidir por nuestra cuenta.

Todos se quedan en silencio y pensativos. Maximiliano permanece parado, mirando a sus compañeros, como queriendo encontrar una respuesta. Nadie se atreve a hablar. Al cabo de unos segundos, Juan Marcos se dirige al grupo.

Juan Marcos —Nunca me había puesto a pensar en lo que dijo Maxi, pero creo que no debemos deprimirnos en esta forma. Ser misionero no es solamente internarse en medio de caníbales a predicar y ayudar.

Mónica de Vázquez —Juan Marcos tiene razón. Cada vez que ustedes hablan de Jesús con un amigo, cada vez que ustedes ofrecen cariño a alguien que lo necesita, están haciendo obra misionera.

Héctor Vázquez —Además, todos ustedes dan su ofrenda cada domingo. Sepan que parte de ese dinero que entregan sirve para contribuir, aunque sea en forma mínima, para el sostén de algún misionero en algún lugar.

Sebastián —Y... hay algo más. Hoy mismo vamos a tener la oportunidad de hacer obra misionera.

Silvia —¿De qué forma?

Sebastián —Dijimos que al terminar de preparar el programa vamos a ir hasta nuestro anexo a colaborar con el trabajo allí.

Maximiliano —(Con expresión muy alegre.) ¡Es verdad! ¡No me había dado cuenta! ¡Quiere decir que hoy todos nosotros vamos a ser misioneros!

Virginia —No se me había ocurrido.

Graciela —Pero es así.

Maximiliano —Gracias por haberme ayudado.

Raúl —¿En qué te ayudamos?

Maximiliano —Esta conversación me ha servido para comprender lo que es ser un misionero. Desde hoy voy a tratar de buscar oportunidades para serlo.

Luciano —Creo que ahora debemos volver a nuestro trabajo. El programa del "Día de las Misiones" nos espera.

Juan Marcos —Ahora este trabajo va a cumplir con su propósito porque va a estar expresando nuestro verdadero sentir.

Sebastián —¡Manos a la obra!

Maximiliano se vuelve a ubicar en su lugar dentro del grupo y todos se ponen a trabajar. Escriben y hacen comentarios que el público no llega a oír. Mientras tanto, suena una música apropiada. Después de algunos segundos se oye la voz del relator.

Relator —"Y Jesús se acercó y les habló diciendo: Toda potestad me es dada en el cielo y en la tierra.
Por tanto, id y haced discípulos a todas las naciones, bau-

tizándolos en el nombre del Padre, y del Hijo, y del Espíritu Santo; enseñándoles que guarden todas las cosas que os he mandado; y he aquí yo estoy con vosotros todos los días, hasta el fin del mundo Amén".

TELON

NAVIDAD

EL MENSAJE DEL ARBOL

(Dramatización para niños de varias edades)

PERSONAJES
El árbol de Navidad.

ESCENOGRAFIA
Como único elemento decorativo se usará un árbol humano formado por niños. Estos se colocarán según su altura, formando un triángulo. Los que simulen ser la parte superior del árbol deberán ubicarse sobre sillas de distintos tamaños para poder sobresalir lo suficiente. Se podrá seguir el siguiente esquema:

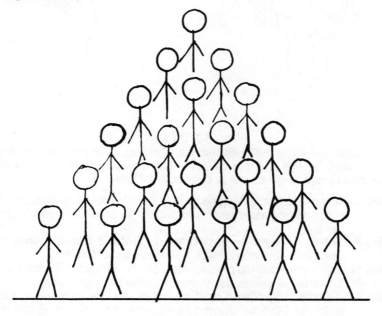

VESTUARIO
Cada niño usará una capa fabricada en papel verde. En las manos llevarán lámparas de baterías. El niño que forme el vértice superior lucirá una estrella en su cabeza.

ACTO I
Se apagan las luces del auditorio y aparece el árbol con las lámparas encendidas. Se oye una música suave que inmediatamente desaparece cuando el primero de los niños comienza a hablar.

Niño I –Buenas noches. ¿Me conocen? Yo soy el árbol de la Navidad. En todos los hogares anuncio una fecha muy especial: el nacimiento de Jesús.

Niño II –Si bien mi origen no es cristiano, la gente de todo el mundo me usa como símbolo de esta fiesta que es la Navidad.

Niño III –Mis ramas son muy resistentes. Nunca se secan. Siempre permanecen verdes, a pesar de los cambios de estación.

Niño IV –Es como si quisieran mostrar que, aunque pasen los años y los siglos, el Salvador siempre va a permanecer vivo en el corazón de los hombres.

En este momento todos los niños cantan "Oh, árbol de la Navidad" con la música de "O Tannenbaum". ("Oh Christmas Tree")

Oh árbol de la Navidad,
tú siempre alegre y verde estás.
Oh árbol de la Navidad,
tú siempre alegre y verde estás.
Si viene el frío invernal,
si sopla el viento estival,
Oh árbol de la Navidad,
tú siempre alegre y verde estás.

Niño I –¡Qué sensación tan especial tenemos al notar que la Navidad se acerca! Es un tiempo de alegría y gratitud a Dios por el nacimiento de su Hijo.

Los integrantes del árbol cantan el himno No. 29 de "Himnos Selectos Evangélicos".

¡Oh santísimo, felicísimo,
grato tiempo de Navidad!
Al mundo perdido
Cristo le ha nacido:
¡Alegría, alegría, cristiandad!

¡Oh santísimo felicísimo,
grato tiempo de Navidad!
Coros celestiales, oyen los mortales:
¡Alegría, alegría, cristiandad!

Niño V –Cuando Jesús nació en Belén, hasta el cielo cantó. Los ángeles desde las alturas invitaban a los hombres a contemplar lo que había ocurrido.

Niño VI –Al llegar, pudieron ver un cuadro sorprendente. Jesús estaba en un establo junto con los animales.

Niño VII –¡Qué raro! Era un rey, y en lugar de estar en un palacio, tuvo que recostarse sobre la paja que le servía de cama.

Niño VIII –Parece un cuento, pero fue así. Cuando esos hombres que oyeron la voz de los ángeles llegaron al pesebre, encontraron a Jesús envuelto en pañales, descansando en los brazos de su madre.

Niño IX –¡Qué lección de humildad nos quiso dar el Señor! Dejó todo para nacer como el más pobre de los hombres.

Los niños cantan la primera estrofa del himno No. 3l de "Himnos Selectos Evangélicos".

> Tú dejaste tu trono y corona por mí,
> al venir a Belén a nacer;
> Mas a ti no fue dado el entrar al mesón,
> y en pesebre te hicieron nacer.
>
> Ven a mi corazón, ¡oh Cristo!
> Pues en él hay lugar para ti.
> Ven a mi corazón, ¡oh Cristo!, ven;
> Pues en él hay lugar para ti.

Niño X —Con humildad, pero con mucho amor, se arrodillaron y lo adoraron. Al salir invitaron a otros a encontrarse con Jesús.

Nuevamente se oyen las voces de los niños, entonando "Vengan a ver al niñito", con la música de "Deck the Hall".

> Vengan a ver al niñito,
> tra la la la la, la la la la.
> Ese niño es Jesucristo,
> tra la la la la, la la la la.
> Vístanse con bellas galas,
> tra la la, tra la la, la la la.
> Es la santa Navidad,
> tra, la, la, la, la, la, la, la, la.

Niño XI —La noticia del nacimiento se extendió con rapidez. Algunos la recibieron con odio como Herodes, por ejemplo. Tenía miedo de que ese rey que había nacido pretendiera, en poco tiempo, ocupar su lugar y le quitara el derecho de mandar.

Niño XII —Pero otros la recibieron con alegría, como los magos de Oriente. Tardaron unos meses en llegar al lugar en que estaba el Rey de los judíos. Una estrella los guió, y después de mucho esfuerzo, ellos también pudieron adorar a Jesús con sus regalos de oro, incienso y mirra.

Cantan la canción "Guiados por la estrella", No. 389 de "Himnos Selectos Evangélicos".

> Guiados por la estrella
> marchando hacia Belén;
> andando van los magos

buscando al niño rey.
Con voces armoniosas,
cristianos, hoy cantad,
porque ha nacido un niño
que nuestro rey será.

Ya llegan al pesebre;
se postran ante él;
y oro, incienso y mirra
le quieren ofrecer.
Con voces armoniosas,
cristianos, hoy cantad;
Llegándoos con ellos
a donde el niño está.

Niño XIII –Hace   mucho tiempo que ocurrió este acontecimiento del nacimiento de Cristo. Hoy Jesús ya no está en Belén; hoy Jesús ya no es un niño envuelto en pañales. Pero aún necesita un lugar dónde nacer, y ese lugar puede ser tu corazón.

Como despedida los niños cantan la primera estrofa de "Noche de paz", No. 32 de "Himnos Selectos Evangélicos".

¡Noche de paz, noche de amor!
todo duerme en derredor.
Entre los astros que esparcen su luz,
bella anunciando al niñito Jesús,
brilla la estrella de paz,
brilla la estrella de paz.

Mientras continúa la música, los niños se van retirando de la escena. Antes de hacerlo, deben apagar sus lámparas.

NAVIDAD INTERPLANETARIA

(Dramatización para niños de varias edades)

PERSONAJES
Marcela: niña de nueve años.
Guillermo: niño de once años.
Carolina: niña de seis años.
Federico: niño de ocho años.
Señorita Cecilia: maestra de la escuela dominical.
Primer visitante:
Segundo visitante:
Tercer visitante:
Cuarto visitante:

niños de varias edades.

ESCENOGRAFIA
Se sugiere la preparación de una escenografía sencilla, valiéndose de cubos y prismas fabricados en madera y convenientemente pintados; un árbol de Navidad hecho en cartón; varias sillas y una mesa. Estos elementos podrán ser ordenados de acuerdo al siguiente esquema:

TERRICOLAS

VISITANTES
EXTRATERRESTRES

60

VESTUARIO

Los visitantes usarán máscaras para caracterizarse. Estas podrán ser confeccionadas con cartón y alambre, y tendrán el siguiente aspecto:

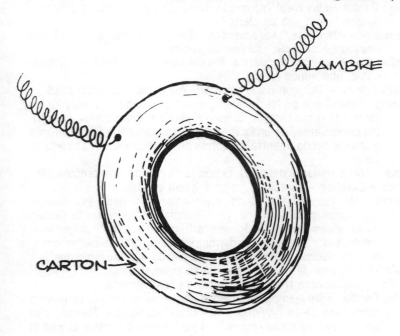

ACTO I

Faltan pocos días para que llegue la Navidad y un grupo de niños está hablando sobre su significado, acompañados por su maestra de la escuela dominical. Al comenzar el primer acto, aparecen éstos hacia un costado del escenario y desde el otro extremo, los visitantes extraños contemplan la escena.

Señorita Cecilia –El tema de la clase de hoy tiene que ver con una fecha importante, que pronto vamos a conmemorar. ¿Saben ustedes cuál es?

Marcela –Yo sé señorita Cecilia: el nacimiento de Jesús.

Guillermo –Sí, en mi casa hay muchos preparativos.

Federico –Mi hermano y yo armamos el árbol. Nos quedó lindísimo.

Carolina –Ayer acompañé a mamá a hacer compras destinadas a los regalos de Navidad.

Señorita Cecilia –¡Muy bien! Veo que la Navidad no pasa desapercibida en ningún hogar, ¿no es cierto?

Guillermo –Exactamente. ¿Te acuerdas, Marcela, lo que ocurrió el año pasado en casa de esa familia vecina?

Marcela –¡Cómo para no acordarme! Me dejó una impresión tan desagradable, que nunca lo voy a olvidar.

Señorita Cecilia –¿Por qué no lo cuentan? Así todos nos enteramos.

Guillermo –Ocurrió que en Nochebuena, nosotros estábamos reunidos en torno a la mesa todavía, cuando repentinamente oímos unos gritos provenientes de una casa vecina. Mamá y papá fueron pronto a ofrecer ayuda mientras nosotros nos quedamos en casa petrificados.

Marcela –Pocos minutos después, oímos la sirena de una ambulancia.

Federico y Carolina –(Juntos) Y... ¿qué había pasado?

Guillermo –No lo supimos hasta unos instantes después, cuando regresaron papá y mamá. Don Pascual, el padre de la familia había encendido unos fuegos artificiales, cuando sorpresivamente sus ropas se incendiaron. Había tomado excesiva cantidad de alcohol, y éste había entorpecido sus movimientos.

Marcela –Lo llevaron al hospital con serias quemaduras.

Federico –¡Qué manera triste de terminar la Nochebuena!

Señorita Cecilia –Este ejemplo nos lleva a pensar en cuál es el verdadero significado de la Navidad. Hace unos momentos, Marcela dijo que en esta fecha se recuerda el nacimiento de Jesús. El vino al mundo por amor, para darse por la humanidad. Y estoy segura de que al mirar desde el cielo y ver que ocurren cosas como las que Marcela y Guillermo acaban de contar, debe entristecerse mucho.

Carolina –¿Cómo debemos celebrar la Navidad?

En ese momento se traslada la escena a los niños extraterrestres. Los terrícolas simulan seguir conversando.

Primer visitante –¿Qué estarán haciendo allá en la tierra?

Segundo visitante –Pues a mí me parece que están festejando algo.

Tercer visitante –¿Por qué festejando algo?

Cuarto visitante –¿No ves que hay un árbol engalanado, distinto de los demás?

Tercer visitante –¡Tienes razón! ¡Qué bien luce! Pero... ¿qué querrá significar?

Cuarto visitante –Hay una sola manera de averiguarlo.

Primer visitante –¿Cuál es?

Cuarto visitante –Ir a la tierra en nuestro plato volador y preguntárselo a esos niños. Si bien estamos más desarrollados que los terrícolas, no tenemos unos oídos tan potentes como para oír la conversación desde aquí.

Segundo visitante –Es una excelente idea. No perdamos tiempo.

Tercer visitante –A mí me parece que hay un inconveniente. Los terrícolas se van a asustar de nosotros y no van a querer conversar.

Primer visitante –Nos disfrazamos de terrícolas, y solucionado el problema.

Los niños se quitan las caretas y las colocan sobre los cubos o prismas de madera.

Cuarto visitante –Subamos al plato sin demorar más.

Los niños bajan del lugar dónde estaban y simulan con movimientos apropiados subir al plato volador. Luego se sientan sobre el piso y comienza el viaje rumbo a la tierra. Se oye una música de fondo y por unos instantes las escenas quedan mudas.

ACTO II

Cesa la música y los visitantes extraterrestres bajan del plato dónde supuestamente estaban. Se dirigen inmediatamente hacia el lugar donde se encuentran reunidos los niños terrícolas.

Primer visitante –¿Podemos pasar?

Señorita Cecilia –¡Cómo no! Federico... ¿puedes ir a buscar unas sillas?

Segundo visitante –No es necesario. Vamos a estar aquí sólo unos minutos.

Tercer visitante –Nos gusta mucho este árbol. (Señalando al pino navideño.) Queremos saber si están celebrando algo especial. ¡Tiene unos adornos tan lindos!

Guillermo –(Sorprendido) ¡Eh! ¿De dónde vienen ustedes? ¿De otro planeta? ¿No saben que faltan unos poquitos días para la Navidad?

Todos se ríen.

Cuarto visitante –Lo que ocurre es que venimos de lugares muy lejanos, tan lejanos como ninguno de ustedes podría imaginarse.

Primer visitante –Pero... no nos pregunten más sobre nosotros, porque no vamos a poder responderles..

Segundo visitante –Queremos que nos digan qué es la Navidad.

Marcela –Ese era justamente el tema que estábamos tratando con nuestra maestra la señorita Cecilia.

Señorita Cecilia –¿Por qué no les cuentas tú, Carolina, lo que sabes sobre la Navidad?

Carolina –Es la recordación del nacimiento de Jesús el Hijo de Dios.

Tercer visitante –¿El Dios que creó todo el universo, las estrellas, y los planetas...?

Carolina –Ese mismo.

Cuarto visitante –Y... ¿para qué nació Jesús?

Federico –El nació para traer amor a los hombres. Nos ha enseñado a querernos unos a otros.

Primer visitante –Pero... ¿cómo hay gente que se mata, gente que se odia?

Marcela –Ellos no quieren escuchar la voz de Jesús.

Segundo visitante –Todo esto nos deja sorprendidos.

Tercer visitante –Otra pregunta más: ¿cómo debe festejarse la Navidad?

Guillermo –Muchos piensan que es una fiesta para comer, beber, divertirse, recibir regalos y nada más.

Marcela –Es cierto que es una hermosa ocasión para una reunión familiar. También es cierto que los niños esperan con ansiedad el momento de ver los regalos que tradicionalmente se colocan al pie del árbol, para ser repartidos entre los miembros de la familia.

Federico –Pero lo más importante es recordar que ese Jesús que nació hace muchísimos años en Belén, está ahora presente en nuestra celebración, mirándonos desde el cielo y esperando ver en nosotros un reflejo de su amor.

Guillermo –Ese amor que se da a los demás, sin esperar nada a cambio.

Cuarto visitante –No se imaginan cuánto agradecemos esta historia.

Tercer visitante –Esto da sentido a nuestra vida. Ese amor tan grande del que nos hablaron hace que ustedes y nosotros estemos unidos.

En ese momento suena una campana indicando la finalización de la clase.

Señorita Cecilia –Bueno, niños, nosotros ya nos retiramos porque la clase ha terminado. No sabemos de dónde vienen ustedes ni quiénes son, pero ya los queremos. Vengan cuantas veces quieran y nosotros vamos a seguir hablándoles de Jesús.

Primer visitante –¡Muchas gracias!

Terrícolas –¡Hasta pronto! (Se retiran.)
Visitantes –¡Vamos a volver!

Los niños extraterrestres quedan solos por unos segundos.

Segundo visitante –¡Qué distintos son estos niños!
Tercer visitante –La razón es que son de Jesús. El los hace buenos.
Cuarto visitante –Vayamos a nuestro planeta y contemos esta noticia a todos nuestros amigos y a todo el universo.
Todos –Sí, vamos ya.

Se escucha una música navideña y los visitantes simulan subir otra vez al plato volador en el que llegaron.

TELON

HOY CUMPLE AÑOS JESUS

(Dramatización para niños de varias edades)

PERSONAJES
Fernando Estévez: el padre
Laura de Estévez: la madre.
Susana Estévez: niña de nueve años.
Raquel Estévez: niña de cinco años.
Juan Pablo Estévez: niño de once años.
Luis Velázquez: el padre.
Ana María de Velázquez: la madre.
Gabriel Velázquez: niño de diez años.
Lucía Velázquez: niña de siete años.
Mariano Velázquez: niño de ocho años.
Otros niños

ESCENOGRAFIA
La escena se desarrolla en la sala de una casa. En caso de no tener muebles del tamaño adecuado, se sugiere el uso de cubos o prismas de madera con almohadones, que servirán de asientos. La mesa que se usará en la escena final, puede también fabricarse de la misma manera. Se necesita, asimismo, una torta que puede hacerse en cartón: una gran caja forrada en papel blanco y decorada con papeles de colores. Sobre la misma, se colocará un árbol de Navidad fabricado en cartulina, del que sobresalga una vela encendida. Tanto la torta como la vela deben ser de un tamaño grande.

ACTO I
Se abre el telón y aparecen en escena los esposos Estévez. Fernando está leyendo el diario. Laura acaba de llegar y está acomodando algunas cosas que ha comprado.

Laura –¡Cuánta gente había en los negocios! Tuve que esperar muchísimo para que me atendieran.

Fernando –Es que en estos días próximos a la Navidad todos gastan lo que nunca en el año. En un momento tan difícil como el que vivimos, la gente derrocha el dinero en cosas innecesarias. Podrían hacer una gran obra si ese dinero lo usaran para ayudar a los necesitados.

Laura –Bueno, bueno ... ya me estás reprendiendo. Pero tu protesta no me incumbe demasiado, ya que la mayor parte de las cosas que compré son para algunas personas que se ven privadas de muchas cosas.

Fernando –Eso me alegra mucho. En un hogar cristiano es importante que cada uno de sus integrantes se comporte realmente de acuerdo con lo que dice ser.

Laura –Escucha. Te voy a contar. Estos dulces son para los Rodríguez, que viven a dos cuadras de aquí. El padre de familia acaba de quedarse sin trabajo y tienen muchos problemas. Estas zapatillas son para Claudio Sánchez. Ayer lo vi descalzo. Esta camisa es para Cristina Aguirre, y estos anteojos son para Lucio Gutiérrez. Su mamá me facilitó la receta que le mandó su médico.

Fernando –¡Cómo quisiera que nuestros hijos te imitaran! A veces pienso que los protegemos tanto para que no sufran, que hasta son insensibles al dolor de los demás.

Laura –No exageres. Muchas veces he conversado con ellos sobre este tema y pienso que llegado el momento reaccionarían como un cristiano debe hacerlo: con amor y comprensión.

Fernando –¡Ojalá no te equivoques!

Laura –Ya que estamos hablando de los niños ... ¿te has dado cuenta lo misteriosos que han estado durante estos días pasados? Yo no quise preguntar mucho, pero me parece que están planeando algo. ¿Tú qué piensas?

Fernando –Como mi trabajo me impide estar mucho tiempo en casa, no me doy cuenta de ciertas cosas. Pero ahora que me lo dices, debo confesar que he notado movimientos poco usuales, que se han ido acentuando poco a poco.

En ese momento suena el timbre. Los esposos Estévez interrumpen la conversación y Laura va a atender. Al abrir la puerta se encuentran con los esposos Velázquez, que han ido a visitarlos.

Laura –¡Qué sorpresa! Jamás nos hubiéramos imaginado que vendrían hoy.

Ana María –Sentimos un placer especial por dar sorpresas.(Se ríen todos.) Pero ... ¿interrumpimos algo importante?

Fernando –Nada de eso. Pasen y siéntense.

Luis –Muchas gracias. (Se sientan.) Nuestra visita tiene una razón de ser. Estamos un poco preocupados por nuestros niños.

Ana María –Sí. Desde hace unos días los vemos muy raros. Siempre han sido muy comunicativos, pero esta vez guardan un silencio absoluto.

Luis –Venimos a verlos a ustedes, porque sospechamos que están planeando algo con sus hijos.

Laura –Justamente cuando ustedes llegaron, Fernando y yo estábamos conversando sobre el mismo tema.

Fernando –Pienso que no debe haber nada peligroso en todo esto, pero por las dudas debemos controlar la situación.

Luis –Yo sugiero que observemos la conducta de nuestros hijos, y que cualquier cosa nos comuniquemos inmediatamente.

Ana María –Me parece que es lo único que podemos hacer.

Laura –Espero que podamos solucionar este problema pronto. Ya llega la Navidad y no quisiera que esta fecha tan especial se viera empañada por algo desagradable.

Ana María –Nuestros hijos tienen una educación cristiana y esto es una garantía. Pero son niños y pueden equivocarse.

Luis –Creo que ahora debemos irnos. Ya deben estar por llegar los niños. Me dijeron que tenían algo que hacer en la casa de los González, y a las 18 hs. volverían.

Se ponen de pie y se dirigen hacia la puerta.

Laura –Recuerden: cualquier observación debemos ponernos en contacto.

Luis y Ana María –Hasta pronto.

Fernando y Laura –Que les vaya bien.

Se retiran los Velázquez, y los Estévez vuelven a quedar solos.

Fernando –Señora de Estévez, la invito a acompañarme. Tengo algo importante que mostrarle.

Laura –Cómo no señor Estévez (Toma del brazo a su esposo.)

Ambos se retiran quedando la escena sola por unos minutos, mientras se oye música de fondo.

ACTO II

Después de unos momentos aparecen los hijos de los Estévez. Se les nota atareados y nerviosos. Parecen discutir por algo que acaba de ocurrir.

Susana –Te advertimos, Raquel, que no dijeras nada. Te permitimos parti-
cipar con la condición de que guardaras absoluto silencio.
Raquel –(Lloriqueando.) Pero yo no quise decir nada. Sólo que la señora
de González me hizo algunas preguntas, y yo se las contesté.
Juan Pablo –Esperemos que no haya entendido mucho. Si no, se nos arrui-
naría la sorpresa que queremos dar.
Susana –Bueno, no discutamos más. De todos modos no solucionamos
nada.
Juan Pablo –Todavía tenemos varias invitaciones que hacer. Gabriel y
Mariano Velázquez se comprometieron a preparar algunas tarje-
tas.
Susana –El problema es que debemos estar seguros de que mañana por
la tarde mamá y papá salgan.
Juan Pablo –Creo que no va a haber ningún problema. Mamá tiene que ir
al templo. Mañana por ser víspera de Navidad, todas las damas
van a ir a visitar un hogar de ancianos para llevar regalos.
Susana –Sí... ¿y papá?
Raquel –Ya le pedí que me llevara a ver un pesebre muy lindo que han
armado.
Juan Pablo –Después de todo, Raquel nos está ayudando. ¿No te parece?
(Acaricia el cabello de su hermanita.)
Susana –Gabriel, Mariano y Lucía prometieron venir temprano para
preparar todo con tiempo. Tenemos que terminar pronto, porque
esa noche debemos pasarla con nuestros familiares.

Se oye la voz de la señora de Estévez que llama a sus hijos.

Juan Pablo –¡Ya vamos mamá!

Se retiran los tres niños y vuelve a quedar la escena sola. Se oye una
música.

ACTO III

Al cesar la música, aparecen nuevamente los esposos Estévez. Inmediatamente suena el timbre y Fernando abre la puerta.

Fernando –¿Nuevamente por acá? ¿Traen alguna noticia?
Ana María –La señora de González me preguntó de qué se trataba el festejo que estaban planeando nuestros hijos. Parece que ayer
estuvieron en su casa, Raquel estuvo hablando con ella. Pero la
señora no pudo entender demasiado.
Laura –¡¿Festejo?! Yo no sé. Nosotros nunca hacemos ningún festejo

complicado para Navidad. Pensamos que esta fecha es para adorar a Dios y para darle gracias por el nacimiento de Jesús. Cantamos, leemos la Biblia y también repartimos algunos regalos sencillos entre nosotros, en señal de cariño.

Luis –Lo mismo ocurre con nosotros. Por eso, no podemos entender de dónde han sacado nuestros hijos la idea de una fiesta.

Fernando –Y... ¿dónde será esa fiesta?

Ana María –Parece que aquí, en esta casa, en el día de Navidad.

Fernando y Laura –(Sorprendidos.) ¡¿En nuestra casa?!

Luis –Así parece, por lo que la señora de Gonzáles pudo entender. Ella está preocupada porque son muy pobres y los hijos no tienen ropa adecuada para ir a una fiesta.

Laura –Yo no entiendo nada. Cada vez estoy más confundida. Lo que me tranquiliza es que mañana ya vamos a saber cuál es el secreto.

Ana María –Bueno, nos vamos. Hoy es un día muy atareado. Estamos preparando todo para la cena de Nochebuena.

Luis –Hasta luego.

Fernando y Laura –Hasta luego.

Al quedar solos, los Estévez continúan con sus planes para esa tarde.

Fernando –Son las cuatro de la tarde.

Laura –¡¿Ya?! Me tengo que ir para el templo. (Sale y vuelve a entrar con su cartera y un paquete.) Hasta luego. Voy a tratar de regresar pronto. (Se retira.)

Fernando –¡Raquel! ¿Ya estás lista?

Raquel –(Desde afuera del escenario.) ¡Sí! Ya voy papá. (Al momento entra.)

Fernando –Apúremonos para regresar temprano. ¡Susana! ¡Juan Pablo! ¡Nos vamos!

Aparecen los niños inmediatamente.

Susana –Está bien, papá. Nosotros vamos a tener cuidado. No vamos a abrir la puerta a nadie a menos que sea conocido.

Fernando –Me siento feliz al darme cuenta de que mis hijos saben comportarse cuando nosotros nos vamos. Volveremos pronto.

Raquel –Que aprovechen bien el tiempo. (Se ríe.)

Susana y Juan Pablo –Gracias.

Salen Fernando y su hija. Susana y Juan Pablo comienzan a conversar.

Juan Pablo –Espero que Gabriel, Lucía y Mariano no tarden mucho. (En ese momento suena el timbre.)

Susana –¡Son ellos! ¡Voy a abrir!

Entran los niños. Gabriel lleva una bolsa en la mano.

Mariano –Hemos traído todo lo necesario para trabajar.

Juan Pablo –Vamos pronto a la cocina. Debemos terminar antes de que
lleguen mamá y papá.

Susana –Ya pensé dónde esconderemos la... (Hace un gesto con las
manos indicativo de un gran tamaño.)

Todos –Shh... No digas nada.

Lucía –Bueno, no nos demoremos más.

Salen todos. Por unos instantes se oye una música navideña. Después de
unos momentos reaparecen los niños.

Mariano –¡Qué linda quedó!

Gabriel –Esperemos que sea del gusto de todos.

Susana –Nunca vi otra igual.

Mariano –Lo importante es lo que está detrás de todo esto.

Gabriel –Bueno, si no hay otro detalle, nos vamos a retirar. Ya no nos
vamos a comunicar hasta mañana, ¿no es cierto?

Juan Pablo –Creo que no será necesario. Antes de separarnos, quisiera
que oráramos para pedirle a Jesús que él esté a nuestro lado en
todo esto.

Lucía –A mí me gustaría hacerlo. (Inclinan las cabezas.) "Señor Jesús, tú
conoces nuestras intenciones. Tú sabes cómo hemos decidido
celebrar esta Navidad. Te pedimos que nos ayudes. Amén".

Gabriel –Hasta mañana, entonces.

Todos –Hasta mañana.

Se oye una música de fondo. Después de unos segundos, los niños entran
y colocan un árbol sobre el escenario. Cesa la música mientras continúan
acomodando los adornos y tendiendo la mesa.

Laura –(Desde afuera del escenario.) ¿Ya podemos pasar?

Raquel –Sí.

Entran los esposos Estévez.

Susana –Siéntense aquí, por favor. En un momento más ya sabrán de qué
se trata.

Fernando –Estoy intrigadísimo. Es la Navidad más llena de sorpresas que
pasé en mi vida.

Susana –¿Qué hora es papá?

Fernando –Ya son las cuatro de la tarde del día veinticuatro de diciembre.
Susana –(Riendo.) La fecha ya la recuerdo.
Juan Pablo –Desde este momento ustedes no pregunten más nada. Sólo observen.

Ana María de Velázquez se asoma por la puerta.

Ana María –(Entrando.) Permiso, aquí llega la familia Velázquez para participar en ... ¡vaya a saber qué cosa!
Luis –Buenas tardes a todos.
Todos –Buenas tardes.
Luis –¿Dónde nos ubicamos?
Gabriel –En este lugar. (Los acomoda en el otro extremo del escenario.)
Mariano –¿Puedo ir a buscarlos?
Susana –Sí. Creo que ya no falta nada. De manera que es conveniente comenzar.

Sale Mariano y los demás quedan en silencio. Los Velázquez y los Estévez se miran sorprendidos, pero no dicen ni una palabra. Mariano vuelve a entrar, pero esta vez acompañado de un grupo de niños.

Juan Pablo –¡Bienvenidos a la fiesta! Pueden acomodarse donde gusten.
Gabriel –Este es el momento de explicar a todos ustedes cuál es la razón de esta reunión. En la Biblia se cuenta que cierta vez, en ocasión de casarse el hijo de un rey, su padre invitó a la fiesta a los personajes más distinguidos. Pero ninguno aceptó ir a la celebración. Entonces decidió extender su invitación a cualquier persona, hasta la más insignificante dentro de su reino. Hoy no se casa el hijo de un rey, pero sí cumple años un Rey.
Mariano –Por eso nosotros quisimos celebrar este cumpleaños invitando a todos estos amigos a quiénes queremos mucho y quienes más necesitan de nuestro cariño.

En este momento salen Juan Pablo y Gabriel sin decir nada.

Niño –Muchas gracias por la invitación. Es una de las pocas veces que me han invitado a una fiesta.
Niña –Yo no tengo el cariño de mis padres, y aprecio mucho el que ustedes me ofrecen.
Susana –Y ahora, como en toda fiesta de cumpleaños, hay algo especial.

Entran Juan Pablo y Gabriel portando una torta con una gran vela encendida y la colocan sobre la mesa.

Mariano –A cantar con todas nuestras fuerzas "Cumpleaños Feliz"

Cantan con entusiasmo. Al terminar aplauden, y Luis Velázquez se adelanta.

Luis –Yo estoy muy emocionado. Creo que nuestros hijos nos han dado una lección importante. Vamos a tomarnos de las manos para orar. "Señor Jesús, gracias porque naciste en Belén; gracias porque te diste a nosotros; gracias porque pones en nuestros corazones el deseo de darnos a los demás. Amén"

Juan Pablo –¡A soplar fuerte!

Todos apagan la vela y la escena queda quieta y muda. Luego se oye la música de "Noche de Paz", mientras los personajes se van retirando lentamente.

TELON

EL PAIS DE LA FANTASIA

(Dramatización para niños de varias edades)

PERSONAJES
Don Rodrigo: un anciano, dueño de una juguetería.
Señorita Juliana: joven vendedora.
Pinocho
Caperucita Roja
Blancanieves
Enanitos
Cenicienta
Aladino
Papá Noel
Hada: Espíritu de la Navidad.

muñecos en la juguetería.

ESCENOGRAFIA
La escena se desarrolla en el interior de una juguetería. Se distribuirán cubos de madera alrededor del escenario, sobre los cuales se ubicarán los muñecos.

VESTUARIO
Cada muñeco llevará el traje tradicional con el que se los conoce a través de los cuentos.

ACTO I

Al comenzar el primer acto aparecen en escena los muñecos ubicados sobre sus pedestales. Como música de fondo se puede usar cualquiera que imite el sonido de una caja de música. Después de unos segundos entra la señorita Juliana con varios papeles en las manos y comienza a acomodar los muñecos.

Señorita Juliana –(Mirando el reloj.) Faltan quince minutos para abrir. Hoy

va a ser un día de mucho trabajo. Es víspera de Navidad y Papá
Noel ha prometido venir a comprar muchos juguetes para todos
los niños del mundo. Espero que le gusten los que tenemos. Han
sido fabricados especialmente para él.

Don Rodrigo –(Entra con paso lento como si tuviera dificultad para
caminar.) ¿Cómo está todo señorita Juliana?

Señorita Juliana –En perfecto orden don Rodrigo. Cada juguete está en su
lugar y los papeles para envolver los paquetes ya están listos.

Don Rodrigo –Durante los cincuenta años en que he estado al frente de
esta juguetería, jamás hemos tenido el honor de recibir la visita
de Papá Noel. Me siento un poco nervioso.

Señorita Juliana –No se preocupe. Todo va a salir bien. Pero ahora
acompáñeme. Vamos a desayunar. Hemos estado toda la noche
trabajando y si queremos resistir debemos recuperar fuerzas.

Don Rodrigo –Tiene razón. Apurémonos. Debemos abrir a horario.

Se retiran ambos y se vuelve a oír la música de fondo. Los muñecos
comienzan a moverse.

Aladino –(Mirándose los brazos y las manos.) ¡Miren! ¡Me estoy moviendo!
¡Parece como si viviera!

Blancanieves –¡A mí me pasa lo mismo!

Cenicienta –¡Y a mí!

Pinocho –Creo que estamos todos en la misma situación.

Aladino –¿Qué día es hoy?

Caperucita –Veinticuatro de diciembre, la víspera de Navidad.

Aladino –Entonces hoy es el día en que Papá Noel vendrá a buscarnos
para que vayamos con él a visitar a todos los niños del mundo.

Blancanieves –Creo que sí. Pero yo estoy muy triste. Yo sufrí mucho en el
cuento que me hizo famosa y no quiero seguir sufriendo en la
tierra. Según me han dicho, allí hay mucho dolor. Vayan ustedes
a alegrar a los niños. Mis enanos y yo nos quedaremos en la
juguetería.

Pinocho –¡Eso es imposible! O vamos todos o no va ninguno. Además si es
por sufrir, a mi nadie me gana. Mi vida como muñeco de palo fue
muy desgraciada.

Caperucita Roja –¿Y qué dicen de mi experiencia? Ninguno de ustedes se
enfrentó a un lobo hambriento como el del cuento que me hizo
famosa. ¿Se dan cuenta qué difícil fue la vida para mí?

Aladino –Entonces vamos a decirle a Papá Noel que no queremos ir a la
tierra.

Todos –¡Eso mismo!

Todos se alborotan y en ese momento se oyen las voces de don Rodrigo y de la señorita Juliana.

Cenicienta –Shh... Allí viene don Rodrigo. Volvamos a nuestros pedestales.

Vuelven a sus lugares y se quedan en silencio. Se oye una música de fondo por unos instantes.

ACTO II

Cesa la música en el preciso momento en que entran don Rodrigo y la señorita Juliana.

Don Rodrigo –(Mirando su reloj.) Ya son las ocho.

Señorita Juliana –La hora convenida para abrir la puerta del negocio y esperar a nuestro único cliente del día de hoy.

Se dirige a un extremo del escenario, simula abrir una puerta y vuelve. Inmediatamente aparece Papá Noel. Como don Rodrigo y la señorita Juliana están de espaldas y no lo ven, hace sonar la campana para llamar la atención. Ambos se dan vuelta sorprendidos.

Señorita Juliana –¡Ya está aquí! ¡Qué puntual!

Papá Noel –Así es. Debo comenzar temprano para poder cumplir con mi propósito para el día de hoy. (Mirando los muñecos.) Pero... ¿qué veo? Esto es realmente magnífico. ¡Si hasta parece que tuvieran vida! Muchas gracias, don Rodrigo. Merece mis felicitaciones por haber preparado una mercadería tan selecta.

Don Rodrigo –No se imagina qué peso me quita de encima. Mi empleada y yo estábamos muy preocupados preguntándonos si los muñecos serían de su agrado.

Señorita Juliana –Disponga usted de cuanto necesite. Nosotros nos retiraremos por unos instantes.

Papá Noel –Muchas gracias por las molestias que se han tomado.

Don Rodrigo –Ha sido un verdadero placer hacerlo.

Señorita Juliana –¿Vamos don Rodrigo?

Don Rodrigo –Sí. Hasta pronto y... ¡Feliz Navidad!

Salen don Rodrigo y la señorita Juliana. Papá Noel queda por unos segundos frente al público. Uno de los muñecos se adelanta y toca su espalda para llamar su atención.

Pinocho –¡Eh! ¡Papá Noel!

Papá Noel –(Sobresaltado.) Me asustaste, Pinocho.

Pinocho –En realidad, nosotros sí estamos vivos en la fantasía de los niños.

Papá Noel –De eso estoy seguro. Pero hoy, todos esos niños van a avivar aún más el recuerdo que tienen de ustedes.

Caperucita Roja –¿Por qué dices eso Papá Noel?

Papá Noel –Porque en unos momentos vamos a visitarlos a todos ellos.

Se hace un instante de silencio. Los muñecos se miran indecisos.

Papá Noel –Pero... ¿qué les ocurre? ¿Por qué se han quedado callados?

Cenicienta –Bueno... es que... nosotros no queremos ir a la tierra.

Papá Noel –¿Por qué razón?

Blancanieves –Debido a que allí hay mucho sufrimiento. Hay niños que mueren de hambre, hay gente que se mata. Pareciera como si cada día que pasa, las personas se odiaran más.

Todos –¡Así es!

Papá Noel –Me parece que tienen razón, pero sólo en un aspecto del asunto.

Aladino –No entiendo, Papá Noel. ¿Me podrías explicar?

Papá Noel –Quiero decir que es verdad todo lo que ustedes dicen, pero hay algo más que deben considerar.

Caperucita Roja –¿Algo más? Y... ¿qué es?

Papá Noel –Todas las cosas tienen dos caras. Por un lado, ustedes dicen que hay gente que se mata y que se odia. Pero yo les digo que si miramos la otra cara veremos que hay otros que se brindan en servicio. Es por esto justamente, que yo quiero que visitemos a todos los niños en este día.

Cenicienta –Creo que voy comprendiendo. Lo que usted desea es que todos nosotros nos entreguemos completamente para servir. Pero... ¿cómo vamos a prestar esa ayuda?

Aladino –¡Claro! Somos sólo muñecos y no podemos hacer nada: ni curar a un enfermo, ni alimentar a un niño hambriento, ni siquiera hablar a la gente para que se amen más.

Papá Noel –Es verdad. Pero podemos hacer sonreír a los niños. Mientras ellos juegan con nosotros y su fantasía vuele, se van a sentir felices.

Pinocho –Esa felicidad les va a ayudar a suavizar los momentos tristes que la vida les tenga reservados.

Primer enanito –Me gusta saber que voy a ser útil.

Segundo enanito –Yo ya no tengo miedo de ir a la tierra.

Tercer enanito –Estoy ansioso por cumplir con mi trabajo.

Caperucita Roja –Todavía tengo una pregunta.

Papá Noel –Yo estoy dispuesto a responderla.

Caperucita Roja –¿Por qué es justamente hoy que vamos a ir a la tierra?

Papá Noel –Porque hace muchos siglos, en un día como hoy, en un lugar apartado y humilde, llegó a la tierra Jesús. En apariencia, él era un niño como todos, pero en realidad, era distinto de todos. Su nacimiento fue muy original. Nació en un pesebre y sus primeros visitantes fueron unos pobres pastores que habían recibido un mensaje de los ángeles.

Blancanieves –¿Para qué fue Jesús a la tierra?

Papá Noel –Justamente para servir. Su entrega fue total. Llegó hasta su propia muerte por la humanidad.

Caperucita Roja –¿Para qué murió Jesús?

Papá Noel –Para que por su muerte los hombres puedan ser libres de todas las cosas malas que hacen.

Aladino –Quiere decir que él es el Salvador.

Papá Noel –Exactamente. Lo es para todos aquellos que lo acepten como tal.

Primer enanito –¿Para nosotros también?

Papá Noel –Por supuesto. Yo creo en él y por su ejemplo es que he propuesto este plan para el día de hoy.

Cenicienta –Todo parece distinto cuando lo miramos a través de Jesús. Ahora yo también estoy dispuesta a servir.

Pinocho –Yo me siento avergonzado por haber rechazado la idea en un primer momento.

Caperucita Roja –Pienso que ahora debemos mirar hacia adelante y no hacia atrás.

Aladino –Es verdad. Tenemos un futuro pleno de oportunidades y está en nosotros el saber aprovecharlas.

Pinocho –Gracias por esta lección tan significativa que ha cambiado nuestra forma de pensar y de sentir.

Papá Noel –Ahora a prepararnos para partir. Es necesario que lleguemos pronto a la tierra.

En ese momento entra el hada. Todos la miran sorprendidos.

Hada –Permiso. Vengo a interrumpirlos antes de que se vayan.

Caperucita Roja –¿Quién eres?

Hada –Soy el Espíritu de la Navidad y vengo de recorrer el mundo. Hace un ratito que llegué y estuve escuchando la conversación.

Cenicienta –¿Qué piensas de nuestros planes?

Hada –Estoy muy satisfecha con ustedes. Son sólo muñecos sin corazón y parecen tenerlo más grande que algunos mortales. En el mundo hay desesperación y tristeza. Hoy es un día especial. Todos, pobres y ricos, están celebrando la Navidad. Pero cada uno se acuerda de los suyos y no se preocupa por ver si hay alguien que sufre. Esto no responde al verdadero Espíritu de la Navidad, que indica que este día debe recordarse de acuerdo a las pisadas del Niño de Belén. Vayan a la tierra y compórtense como discípulos de Cristo y enseñen a los hombres a través del ejemplo. "Gloria a Dios en las alturas y en la tierra paz y buena voluntad para con los hombres."

Luego de las palabras del hada, se toman todos de las manos y salen cantando en una hilera encabezada por Papá Noel. El hada se coloca al final.

TELON

LOS REGALOS DE NAVIDAD

(Dramatización para niños de varias edades)

PERSONAJES
Señora de González: la madre
Señor González: el padre
Gustavo: niño de diez años
Cristina: niña de nueve años
Daniel: niño de siete años
Graciela: niña de cinco años

los hijos

Primer regalo
Segundo regalo
Tercer regalo
Cuarto regalo
Quinto regalo

niños de diferentes edades

ESCENOGRAFIA
Las escenas se desarrollan en la casa de la familia González. Como único elemento decorativo, se colocará a un costado del escenario un árbol de Navidad. Pueden agregarse también almohadones sobre los cuales los niños puedan sentarse.

VESTUARIO
Los niños que actúen como regalos usarán una caja grande sin fondo ni tapa, a la que se le practicarán dos aberturas a los costados por donde los niños sacarán los brazos. Estas cajas deberán forrarse con papeles de colores vivos para que sean muy llamativas.

ACTO I

Es la víspera de Navidad. En la casa de los Gonzáles hay mucho movimiento. Los niños están adornando el árbol de modo de dejarlo listo para el momento en que recibirán los tan esperados regalos. Al abrirse el telón aparecen los cuatro niños en escena.

Gustavo –Ya nos falta poco. Unos cuantos adornos más y terminamos.

Cristina –Sí, pero todavía tenemos que colocar las luces. Vamos a hacerlo con cuidado. Recuerden que el año pasado, por imprudentes, casi se quema la instalación eléctrica de la casa.

Gustavo –Me ofendes, Cristina. Debes tener en cuenta, que este año en la escuela, aprendí bastante de electricidad y yo mismo compuse estas luces.

Cristina –¡Ahora sí que se empeoró la situación! (Todos se ríen.) Bueno, coloquémoslas. (Colocan las luces sin encenderlas.)
Daniel –¡Qué vistoso quedó! Ya me lo imagino lleno de regalos. Yo espero recibir algo muy lindo este año.
Graciela –Yo también. Ya me siento nerviosa.

En ese momento entran la señora y el señor González. La mamá lleva una cartera en su mano. Van a salir por unos momentos.

Señor González –¿Ya terminaron, niños?
Graciela –Ya está todo listo, papá.
Señora de González –Quisiéramos que nos acompañen hasta la casa de la señora de Gutiérrez. Ustedes saben que ella está sola y nadie va a darle un beso en este día tan importante.
Señor González –Debemos estar a su lado aunque sea unos momentos.
Cristina –Pero mamá... Ya es muy tarde. Nosotros queremos estar en casa preparando todo para el momento en que debamos abrir los regalos.
Gustavo –Sí, la Navidad es una fiesta para la familia. Nosotros no somos culpables de que la señora de Gutiérrez esté sola. En todo caso podría ir a verla cualquier otra persona y no justo nosotros.
Señora de González –Ustedes saben que tanto papá como yo respetamos lo que ustedes desean hacer; especialmente cuando se trata de cosas que no son necesariamente obligaciones.
Señor González –Claro está que nos entristece un poco que no sean sensibles al dolor de los demás.
Daniel –Papá... nosotros sentimos pena por ella; pero hoy, si ustedes no se enojan, vamos a ocuparnos de nosotros.
Graciela –¿Podemos quedarnos, por favor?
Señora de González –Vuelvo a repetirles que en esto ustedes deciden.
Daniel –¡Gracias! Vayan tranquilos que nosotros vamos a tener todo listo para la cena, para cuando ustedes vuelvan.
Señor González –Bueno, hasta luego niños. Regresamos pronto.
Todos –Hasta luego.

Salen el señor y la señora González y los niños vuelven a quedar solos en la escena. En ese momento se oyen nueve campanadas.

Gustavo –¡Ya son las nueve de la noche! ¡Qué tarde se ha hecho! Dejemos ya el árbol.
Cristina –Sí, vayamos a poner la mesa y a colocarle los adornos que hemos preparado. Así podremos cenar sin apresuramientos.

Daniel –Eso es, porque las doce de la noche llegan pronto y nuestros regalos no deben esperar. (Nota al pie: será necesario hacer una adaptación, en aquellos lugares en los que no se tenga por costumbre abrir los regalos de Navidad a las doce de la noche.)

Graciela –¿Qué recibiremos?

Cristina –Pronto vamos a saberlo.

Salen los niños con paso apurado. La escena queda sola por unos minutos, mientras se oye una música suave.

ACTO II

Se corta la música en el momento en que por un costado del escenario aparece un gran paquete. Mira para todos lados y luego comienza a hablar.

Primer regalo –No hay nadie. Sólo está el árbol apagado. Podemos pasar.

Hacen su aparición los otros cuatro regalos y se colocan frente al público.

Segundo regalo –¡Qué casa mas linda! ¡Y qué ordenado está todo!

Tercer regalo –Se han olvidado de un detalle. Las luces del árbol no están encendidas.

Cuarto regalo –Ese trabajo es nuestro. Yo me ocupo. (Enciende las luces.)

Quinto regalo –Hemos llegado muy temprano. Todavía falta mucho para que los niños nos vengan a buscar.

Primer regalo –Siempre es preferible llegar con tiempo. Pero . . . ¿qué les parece si hablamos un poco de nosotros mismos? Dentro de poco vamos a tener dueño y careceremos de la libertad de que gozamos ahora.

Segundo regalo –Es una buena idea.

Tercer regalo –Yo puedo empezar. Dentro mío contengo una guitarra. Estoy destinado a Cristina. A ella le gusta mucho la música y canta muy bien. Cristina es una excelente hija y se porta muy bien en la escuela. Yo tengo un mensaje para ella que tiene que ver con el uso de este regalo que va a recibir. Pero ese mensaje sólo puede leerlo ella misma.

Cuarto regalo –Mi dueño es Daniel. Llevo en mi interior varios libros de historias para niños. Daniel es un buen alumno y recibió una palabra de felicitación especial en lectura. Mi mensaje para él está escrito aquí. (Señala un papel que tiene adosado.)

Quinto regalo –Yo contengo varios títeres. Son para Graciela. Ella va al jardín de infantes y allí su maestra le ha enseñado a manejarlos.

Esta niña merece un regalo porque es un ejemplo de obediencia. Graciela aún no sabe leer. De manera que mi mensaje se lo va a leer alguno de sus hermanos.

Primer regalo –Es mi turno. Estoy destinado a Gustavo. Contengo una serie de cuatro discos. Gustavo también es amante de la música. Pero él no toca ningún instrumento. Prefiere escuchar lo que otros ejecutan. También para él hay un mensaje.

Tercer regalo –(Dirigiéndose al segundo regalo.) Pero... ¿y tú? En esta casa no hay más niños.

Segundo regalo –Aquí no. Pero en esta vecindad hay muchas otras casas con muchos niños que hoy no van a recibir nada por diversos motivos. Yo soy para cualquiera de ellos. Contengo amor, mucho amor.

Cuarto regalo –¡Ah, ya entendemos! Tú contienes lo más importante. Y... ¿quién debe leer tu mensaje?

Segundo regalo –Aquél que quiera hacerlo. Me brindo a cualquiera y cualquiera puede entregarme.

En ese instante se oyen ruidos. El primer regalo se acerca sigilosamente a la puerta y luego se dirige a los demás.

Primer regalo –¡Shh . . . ! Ya están por venir los niños. Vayamos a nuestros lugares y quedémonos quietos.

Se oye una música suave mientras los regalos se ubican en los lugares correspondientes. El segundo regalo se coloca en un lugar poco visible.

ACTO III
Se oyen las voces y las risas de los niños que vienen acercándose al árbol. Luego entran los cuatro y se quedan extasiados al ver los enormes paquetes. Detrás de ellos entran los padres, quienes permanecen de pie a un costado del escenario.

Graciela –Me parece que estoy soñando. ¡Qué bien lucen los regalos!
Daniel –No perdamos tiempo. Vamos a abrirlos. Yo estoy tremendamente impaciente por saber cuál es el mío.
Gustavo –¡Vamos! (Se sienta al pie del árbol y sus hermanos lo imitan.)
Cristina –¡Miren! Cada paquete tiene pegado algo que parece ser una carta. Esta dice "Cristina". La voy a leer. (Abre el mensaje y lee en voz alta.) "Soy tuyo. Antes de abrirme quiero que conozcas mi mensaje. Dentro mío hay una guitarra que seguramente te va a gustar mucho. Pero si bien vas a ser tú quien la hagas sonar,

debes pensar que con su música puedes alegrar a Marcela, tu vecina, por ejemplo, que hace ya un tiempo se encuentra enferma. Así como Jesús vino al mundo en un día como hoy, para darse a todos, nosotros siguiendo su ejemplo debemos entregarnos a los demás. ¡Feliz Navidad!"

Daniel –El mío también tiene un mensaje. (Lee en voz alta.) "Te felicito, Daniel, porque lees muy bien. Dentro mío hay varios libros que te van a resultar muy agradables. Pero también le van a agradar a Mariano, ese niño que vive frente a tu casa. El está siempre solito porque su mamá y su papá tienen que trabajar, y no tiene libros. Además no sabe leer porque es pequeño. ¿Podrás leerle estas historias?"

Cristina –Este es tuyo, Graciela. (Le entrega un paquete.)

Graciela –Mi regalo tiene un papelito pegado pero yo no sé lo que dice porque no conozco las letras.

Cristina –Yo lo leo por ti. (Abre el mensaje y comienza a leer.) "¿Te gustan los títeres, Graciela? Desde hoy vas a tener varios. Yo sé que los manejas muy bien. Luciana, una compañera tuya, tendría muchos deseos de poseer unos títeres como éstos, pero no se los pueden comprar. ¿Qué te parece si vas a su casa y juntas organizan una función?"

Gustavo –Y ahora es mi turno. Escuchen lo que dice mi regalo: "Sé que eres un ejemplo de buen comportamiento y responsabilidad. Realmente te mereces estos discos que llevo en mi interior. Voy a sugerirte algo. Tú tienes una gran colección de discos, y ahora va a ser aún más grande. A unas pocas cuadras de tu casa hay una escuela para niños con dificultades en su conducta. Allí muy a menudo organizan fiestas para entretenerlos. Yo sé que necesitan discos y a veces tienen problemas para conseguirlos. ¿Por qué no les ofreces los tuyos?"

Cristina –¡Miren! Sobra un regalo. ¿A ver qué dice? "Yo vine solamente para traer un mensaje a todos ustedes. Dentro mío hay sólo amor y quiero repartirme entre los integrantes de esta familia. Pero así como yo me doy, quiero que ustedes me entreguen a los demás junto con la guitarra, los discos, los libros y y los títeres que han recibido. Así como Jesús vino al mundo en un día como hoy para darse a todos, nosotros siguiendo su ejemplo también debemos entregarnos a los que están a nuestro lado. ¡Feliz Navidad para todos!"

Gustavo –Me siento muy emocionado. Nunca nos había ocurrido nada igual.

Cristina –Ahora creo que entiendo la razón por la que ustedes, mamá y papá, fueron a visitar a la señora de Gutiérrez, dejando sus actividades en un día tan importante.

Gustavo –Nosotros, que tenemos todo lo que se puede pedir, debemos ser de bendición y alegría para los que están sufriendo.

Señora de González –Yo me siento feliz porque ustedes han comprendido el mensaje de los regalos.

Señor González –(Dirigiéndose a su esposa.) Estoy seguro de que Jesús está mirando con agrado la actitud de nuestros hijos. ¿Qué les parece si ahora tenemos una oración todos juntos dando gracias por el nacimiento de Jesús y pidiendo que todos como familia podamos darnos como él se dio.

Daniel –Yo quisiera hacerlo en nombre de todos. ¿Puedo?

Señora de González –Por supuesto, Daniel.

Todos inclinan las cabezas y Daniel ora.

Daniel –Gracias, Señor, por el niño de Belén. Gracias por enseñarnos tantas cosas. Te pedimos que podamos agradarte con nuestro comportamiento. Usanos para bien de otros. Amén.

Cristina –No podemos terminar esta fiesta de Navidad sin cantar. ¿Les parece bien cantar "Noche de Paz"?

Todos –¡Muy bien!

La familia, tomada de la mano, canta la primera estrofa de este tradicional himno navideño.

TELON

LA NAVIDAD DE LOS COLLAS

(Dramatización para niños de varias edades)

Los collas son habitantes típicos de Bolivia y del noroeste argentino. Si esta obra se representara en cualquier otro lugar, podrían ser reemplazados por otros personajes autóctonos que resulten familiares.

PERSONAJES
Julián: niño colla.
Anselma: niña colla.
Primer colla
Segundo colla
Tercer colla
Cuarto colla: Yolando.
Quinto colla
Sexto colla
Séptimo colla
José y María: padres de Jesús.
Otros collas pequeños

ESCENOGRAFIA
El primer acto se desarrolla dentro de una casa humilde con paredes de piedra y techo de paja. Se puede usar un teatro de títeres y decorarlo de acuerdo al siguiente esquema. El resto de la obra se lleva a cabo en el exterior. La zona es de relieve montañoso. Se sugiere la utilización de cubos de madera en grupos de tres y de cuatro, para dar la idea de irregularidades en el terreno. Estos elementos deben ser lo suficientemente fuertes como para soportar el peso de los niños caminando por sobre ellos.

VESTUARIO

Los collas llevan como parte de su indumentaria, un gorro de colores, un poncho y sandalias. En caso de reemplazar a los collas por otros personajes se usará la vestimenta apropiada.

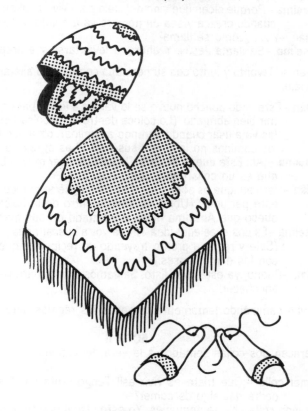

ACTO I

Es muy temprano a la mañana. Julián y Anselma están en su casa. La niña se ha levantado y abre la ventana.

Anselma –¡Julián despiértate! El sol ya está alto. Tenemos que salir.
Julián –(Abriendo sus ojos con mucha dificultad.) Pero si recién acabo de dormirme. ¿Por qué tanto apuro?

Anselma –Porque tenemos que hacer una visita. Me dijo Jacinta que al pie de la quebrada ha nacido un niño muy importante. Todos lo irán a ver y le llevarán regalos.

Julián –¿Importante? ¿Por qué?

Anselma –Porque dicen que vino del cielo para vivir aquí en la tierra y que cuando crezca y sea un hombre va a ayudar a todos los collas.

Julián –Y... ¿cómo se llama?

Anselma –Se llama Jesús. Y ahora, a levantarse y a preparar todo.

Julián se levanta y junto con su hermana comienza a alistar la bolsa para el viaje.

Julián –Este lindo poncho nuevo se lo vamos a llevar para que pueda dormir bien abrigado. (Lo coloca dentro de la bolsa.) Estas sandalias las va a usar cuando aprenda a caminar, para que las piedras de los caminos no lastimen sus pies. (Las agrega a su equipaje.)

Anselma –¡Ah! Este queso de cabra le va a parecer muy sabroso al niñito, que es un colla pobre como nosotros.

Julián –Pero aunque es pobre, igual es Rey. ¿Qué te parece si le llevamos este perfume? (Ubica el frasco dentro de la bolsa junto con el queso que Anselma había depositado en sus manos.)

Anselma –Es una excelente idea. Ahora voy a buscar agua para el camino. (Sale y regresa pronto trayendo un recipiente que coloca junto con las demás cosas.)

Julián –Bueno, ya está todo listo. Salgamos pronto para llegar antes del anochecer.

Se van caminando lentamente cargando los regalos para Jesús.

ACTO II

Aparecen dos collas sentados a la vera del camino.

Primer colla –¡Qué triste es vivir así! Tengo tanta hambre. ¿Quién nos podrá dar algo de comer?

Segundo colla –No te angusties. Yo estoy igual que tú. Pero pienso que alguien nos va a ayudar. ¡Mira! Ahí vienen dos collas.

Entran Julián y Anselma al son de una música.

Segundo colla –Esperen un momento por favor. Estamos hambrientos y no tenemos comida. ¿No podrían ustedes darnos algo?

Julián –Bueno... comida, lo que se dice comida no tenemos. Solamente llevamos un queso.

Primer colla –¡Queso! ¡Qué rico!
Anselma –Sí, pero se lo llevamos al niño Jesús.
Segundo colla –(Con desilusión.) ¡Ah! Bueno, si es así, gracias de todos
  modos.

Julián y Anselma se apartan pensativos durante unos momentos.

Julián –¿Qué te parece si se lo damos?
Anselma –Y... bueno. De todas maneras tenemos otros regalos.
Julián –(Dirigiéndose a los collas.) Lo pensamos bien. Aquí tienen. (Les
  entrega el queso.)

Los collas lo reciben e inmediatamente comienzan a comer. Saludan a
Julián y a Anselma con sus manos y salen caminando. Los hermanos continúan caminando por las montañas al son de una música por unos instantes. Luego entra un colla caminando con dificultad.

Anselma –¿No es ese Yolando, el hijo de don Zoilo?
Julián –Me parece que sí. ¿Qué le pasará que camina de esa manera?
Anselma –¡Yolando!
Yolando –Sí...
Anselma –¿Qué te pasa?
Yolando –Hace dos días se me rompieron las únicas sandalias que tenía;
  estoy caminando descalzo y me duelen mucho los pies.
Anselma –(Dirigiéndose a Julián en voz baja.) ¿Y si le diéramos el par de
  sandalias que llevamos?
Julián –¡Otra cosa más!
Anselma –Pero... mira el camino. Hay muchas piedras y le duelen los
  pies.

Sin ningún otro comentario, Julián saca las sandalias de la bolsa y se las
da.

Julián –Toma, son tuyas.
Yolando –¿De veras? ¡Gracias! Ustedes sí que son mis amigos. (Se coloca
  las sandalias y se va.)

Julián y Anselma se quedan solos y pensativos.

Julián –Anselma, ¿podríamos sentarnos a descansar un poco? El sol está
  fuerte y tengo sed.

Se sientan y toman agua. En el momento en que se disponían a guardar el
recipiente para reservar la bebida para el resto del viaje, aparecen dos
collas y se lo arrebatan de las manos.

Cuarto colla –¡No la guarden! Tenemos mucha sed. (Beben toda el agua.)
Julián –Pero... si es para el camino. Todavía estamos lejos y...
Anselma –No te molestes. Ya se la terminaron.
Quinto colla –Disculpen. Ya no podíamos soportar más la sed.
Julián –Está bien. De todos modos nosotros ya habíamos bebido.
Cuarto colla –Muchas gracias y que les vaya bien. (Se retira junto con el
         quinto colla.)
Anselma –Sigamos nuestro camino, que todavía falta mucho para llegar.

Continúan su camino a través de las montañas al son de una música. De
pronto, se detienen porque escondido entre las piedras encuentran a un
herido. Lo colocan frente al público.

Sexto colla –(Quejándose.) No me muevan mucho. Estoy muy lastimado.
Julián –¿Cómo te lastimaste?
Sexto colla –Había llevado a pastar a mis animales y de repente me res-
         balé y caí rodando por la montaña. Las piedras filosas me las-
         timaron.
Anselma –No te preocupes. Nosotros te vamos a ayudar.
Julián –Podemos usar el perfume, ya que tiene alcohol, para limpiar sus
         heridas. Luego lo vendaremos con estos dos pañuelos. (Asisten
         al herido.)
Anselma –Ya está. ¿Cómo te sientes?
Sexto colla –Mucho mejor.
Julián –¿Vas a poder caminar?
Sexto colla –Creo que sí, aunque despacito.

Julián y Anselma ayudan al niño a incorporarse.

Sexto colla –¡Muchas gracias! Me siento muy triste por no tener nada para
         darles en pago por lo que han hecho por mí.
Anselma –No te preocupes. Nosotros estamos contentos por haberte
         ayudado. Esto es suficiente recompensa.

El sexto colla se va, moviéndose con mucha dificultad. Julián y Anselma
siguen su camino. Se oye una música de fondo. Después de un momento
se sientan al pie de la montaña.

Julián –Estoy muy cansado. Vamos a descansar.
Anselma –Pero sólo unos minutos, porque está anocheciendo y está
         comenzando a hacer frío. (Saca el poncho de la bolsa para
         taparse.)

En ese momento entra un niño con muy poca ropa y descalzo.

Séptimo colla –Tengo mucho frío. ¿Podría sentarme un instante con ustedes para calentarme con el poncho?

Julián –Pero nosotros ya nos vamos porque tenemos que llegar a un lugar muy importante y se nos va a hacer muy tarde.

Séptimo colla –Bueno. Gracias de todos modos. (Sigue caminando.)

Anselma –(Le pregunta preocupada a Julián.) ¿Y si se enferma?

Julián –Nosotros vamos a tener la culpa. Mejor le damos el poncho. ¿Qué te parece?

Anselma –(Dirigiéndose al séptimo colla.) ¡Espera! ¡No te vayas! Con esto podrás abrigarte.

Séptimo colla –Gracias. Muchas gracias. (Se coloca el poncho y sale.)

Julián –Anselma, ¡la bolsa está vacía! No queda nada. ¿Qué le vamos a regalar a Jesús?

Anselma – ¡Tienes razón! ¿Qué haremos? No tiene sentido nuestra visita. No podemos ir así, con las manos vacías. Mejor volvamos a casa.

Se dan vuelta y se sorprenden al ver una estrella muy brillante. En ese momento se escucha una voz que repite: "Venid, benditos de mi Padre, heredad el reino preparado para vosotros desde la fundación del mundo. Porque tuve hambre y me disteis de comer; tuve sed y me disteis de beber; ... estuve desnudo y me cubristeis; enfermo y me visitasteis."

Julián –Señor, ¿cuándo te vimos hambriento y te sustentamos, o sediento y te dimos de beber?

Anselma –¿Y cuándo te vimos desnudo y te cubrimos, o enfermo y vinimos a ti?

Voz –De cierto os digo que en cuanto lo hicisteis a uno de estos mis hermanos más pequeños, a mí lo hicisteis.

Se apaga la luz de la estrella.

Julián –Quiere decir, entonces, que aunque no tengamos nada para entregarle al niño Jesús, igual podemos ir a verlo...

Anselma –¡Claro! Ahora entiendo que amar a Dios es también amar a los collas como nosotros.

Julián –Vayamos rápido.

Salen con paso apurado.

ACTO III

Aparecen José y María vestidos como collas. María está sentada con un niño en brazos. José está a su lado contemplando al bebé junto con su esposa. Luego, al son de una música apropiada, entran todos los collas que ya han aparecido en los actos anteriores, más otro grupo de niños vestidos de igual manera. Cuando todos están en sus lugares, formando así el pesebre vivo, cantan una canción alusiva al nacimiento. Al terminar se retiran al ritmo de la música.

TELON